ALLONS EN FRANCE 1
for first and second years

LENNART REICHENBACH

GILL & MACMILLAN

Gill & Macmillan Ltd
Goldenbridge
Dublin 8
with associated companies throughout the world
© Lennart Reichenbach 1997
© Artwork by Design Image
0 7171 2463 0
Print origination in Ireland by Design Image
Colour repro by Keystrokes, Dublin

The paper used in this book is made from the wood pulp of managed
forests. For every tree felled, at least one tree is planted, thereby renewing
natural resources.

ACKNOWLEDGMENTS

For permission to reproduce photographs in this book, grateful
acknowledgment is made to the following:
Don Sutton International Photo Library; Inpho; Zefa; Sygma; French Picture
Library; P. Franck – Festival Interceltique; J. Allan Cash; Science Photo
Library; CEPHAS; Solange Collery Communication; Robert Harding; Comité
Regional (CRTL); Group Durand-Allizé; Natural History Photo Agency;
Grottes Petrifiantes; Colorsport; Gamma; Magnum; FLPA; Ecoscene;
Spectrum; Bruce Coleman Collection; S. and A. Thompson/Animal
Photography; RTE; French Railways; Travel Library; Stephen O'Reilly; ETA.

Photo research: Anne-Marie Ehrlich.

Copyright material is reproduced by kind permission of the following:
Moulinsart SA: Tintin cartoons
Librairie Gründ: poems by Robert Desnos
Edition Gallimard: poem by Jacques Prevert

CONTENTS

Allons en France 1

	Révision:	Communication:
1. Comment tu t'appelles?		se présenter épeler compter (0 - 20)
2. Le camp de vacances européen	le verbe le genre les chiffres et les nombres épeler/l'alphabet	parler de quelqu'un dire comment on va introduire quelqu'un
3. Reportage en Bretagne	pronoms personnels (singulier) le genre les chiffres et les nombres	parler de quelqu'un les jours/les mois les nombres (suite: 20 - 100)
4. Ma famille	verbes pronoms genre et nombre chiffres et nombres	parler de sa famille décrire la couleur des cheveux/yeux les métiers
5. Ma maison	adjectifs possessifs genre et nombre	parler de sa maison décrire les meubles/objets situer dans l'espace le travail à la maison
6. Ma ville	verbes réguliers (- er) verbes irréguliers (aller)	parler de son village/sa ville les directions situer dans l'espace
7. Quelle heure est-il?	verbes réguliers (-er) verbes irréguliers (aller)	parler de sa journée
8. Sports et loisirs	verbes réguliers (-er) verbes irréguliers (être/avoir/faire/aller) infinitif	parler du sport et des loisirs
9. Bon appétit !	verbes réguliers (-er) l'heure	parler de la nourriture
10. Quel temps fait-il?	verbes réguliers (-er) (-ir) verbes irréguliers sports et loisirs	parler du temps et des loisirs
11. Les correspondant(e)s francophones	les adjectifs les verbes au présent	décrire une personne
12. Mon animal préféré	adjectifs au singulier	parler des animaux domestiques
13. Qu'est-ce que tu as fait?	le présent	parler au passé parler des petits boulots
14. Vacances en France	passé composé avec avoir adjectifs	parler des vacances
15. Bon voyage !	passé composé l'heure	prendre le train comprendre et dire l'heure (24 h)
16. On fait du camping	passé composé les verbes réfléchis (présent) l'heure	aller dans un camping
17. On fait les courses	verbes réguliers (-er) verbes réfléchis articles partitifs les directions	acheter un produit
18. Qu'est-ce que tu vas faire?	passé composé les activités de week-end	inviter accepter/refuser faire des projets/parler au futur

Le français en classe:	Grammaire:	Phonétique:	Civilisation:
Comment on dit … en français?	le verbe le nom le genre	l'alphabet un/une é/è	'faire la bise' villes et pays de la Francophonie noms et prénoms français
l'appel	le verbe (être, avoir, habiter, parler, s'appeler) les pronoms (singulier) le genre (adjectif)	montée/descente (Ça va? Ça va.)	les jeunes et l'Europe quelques personnages français célèbres écrire à un correspondant
Rangez vos affaires !	le verbe (être, avoir, habiter, aimer, adorer) les pronoms personnels (pluriel) le nombre les articles définis et indéfinis	lettres muettes	le tu et le vous la Bretagne les 'nations celtiques'
Vous avez compris?	les adjectifs possessifs la négation	les syllabes	des métiers typiquement français fêtes et anniversaires en France
Est-ce que je peux sortir?	l'interrogation	opposition u/ou	le logement en France l'architecture en France ville et campagne
Vous pouvez expliquer cette phrase?	à + article défini aller	les voyelles nasales (in/on/en)	villes et villages en France la vallée de la Loire
Vous pouvez parler moins vite?	verbes pronominaux faire	lettres muettes au présent	l'école en France
Je peux aller chercher mes affaires?	jouer à/jouer de/faire de sortir	le 'r' français	le sport en France
On ne mange pas en classe !	verbes réguliers (-ir) prendre/boire articles partitifs	opposition oui/huit	les habitudes alimentaires des Français la cuisine en France
Je peux ouvrir la fenêtre?	verbes réguliers (-re) écrire/lire	liaisons	le temps en France la géographie de la France
Je n'ai pas fait mes devoirs.	les adjectifs au singulier	opposition s/z	la Francophonie les bandes dessinées
Je ne vois pas le tableau.	les adjectifs au pluriel	adjective endings	les Français et les animaux
J'ai fini.	le passé composé avec avoir	lettres muettes	le week-end des jeunes en France les petits boulots
J'étais chez le docteur.	le passé composé avec être l'imparfait (c'était …)	opposition bord/beau	les régions touristiques de France les Français et les vacances
J'ai raté le bus.	partir	opposition heure/bleu	la SNCF le TGV paysages de France
Je peux effacer le tableau?	le passé composé des verbes réfléchis	e muet	la Corse
Je peux demander un stylo?	verbes irréguliers (-er) au présent	opposition é/è	la monnaie française produits et magasins en France les fromages
J'ai perdu un livre. J'ai trouvé un stylo.	le futur proche	le yod	la Normandie

FRANCE

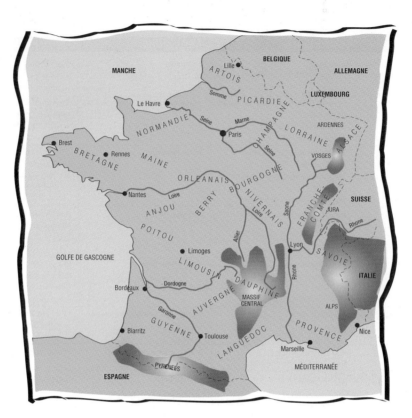

LES DÉPARTEMENTS

INTRODUCTION

■ *Learning a new language*

Answer the following questions. Write a few lines on each and compare your answers with those of your classmates.

What is a language?

Why learn a new language?

How did you learn your own language?

In your opinion, how can you learn a new language?

■ *Learning French*

What do you know about France?

What do you know about the French? Do you know any French people?

Where is French spoken?

Do you know any English words of French origin?

■ *Who speaks French?*

French is spoken by over 200 million people around the world.

■ *La Francophonie - French-speaking countries*

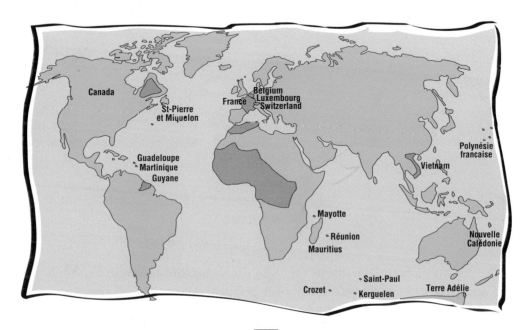

Une langue vivante (a living language)

What does the expression 'to speak the same language' mean when we say,
'I've a very good friend. We get on well together. We speak the same language.'?
    Learning a language isn't just about using words and making sentences.
When you learn a language, you discover a new country and its people. You get to
understand and appreciate another way of living and thinking. Learning a new
language makes you perceive the surrounding world in a different and new way.

Where do European languages come from?

Most languages spoken throughout Europe are thought to stem from one common
language called Proto-Indo-European. This language originated in regions near
India and was brought westwards by people who settled in Europe thousands of
years ago. Their language then divided into many different branches, which in
turn gave birth to the languages we now speak in Europe: English, French,
German, Irish, Dutch, Italian, Swedish, etc., some of which are shown in the
diagram.

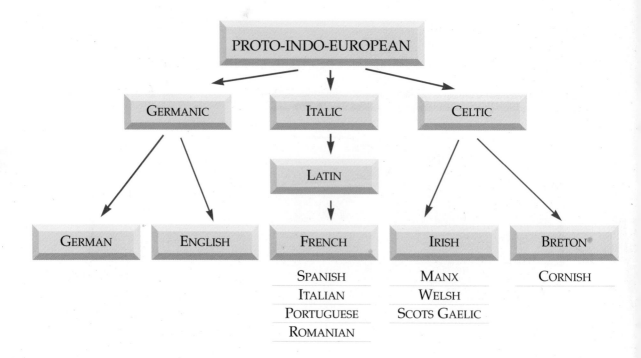

As you see, a language doesn't remain the same through time but evolves
and adapts to circumstances, usually for political or economical reasons
(wars, movement of peoples, technology transfer, etc.).

French began as a mixture of Latin and Celtic and later absorbed many German and English words. Today, the French language is still in a process of change. Words disappear, new ones are created, some change spelling and others are borrowed from foreign languages.

The same is true for English. More than half of all English words are related to French. 'Tennis', for example, is originally a French word and comes from 'Tenez', which can be translated by 'Here you are!'. A player would shout 'Tenez!' across the court to the opponent before serving the ball. Some other examples include:

Courage: 'coeur' means 'heart' in French, so courageous literally means
              somebody with a big heart.

Madam: 'ma dame' (literally, 'my lady').

Monsignor: 'mon seigneur' (literally, 'my lord')

Vinegar: 'vin aigre' (literally, 'sour wine')

Discover: 'découvrir' (literally, 'to uncover')

Border: 'bordure' (literally, 'edge')

Embrace: 'embrasser' (literally, 'to take in your arms')

Bullet: 'boulet' (literally, 'small ball')

Dandelion: 'dent de lion' (literally, 'lion's tooth', from the shape of the leaves)

Look at the following French words. What is the English for them?

liberté	charité	taxe	billard
musique	théâtre	justice	portion
pharmacie	librairie	révolution	abricot
important	rendez-vous	aéroport	courtoisie
café	hôtel	poste	
égalité	restaurant	communion	
sensible	conflit	compagnon	

As you see, many words in English and in French are similar. These words have been absorbed into the English language throughout the centuries. One decisive factor in this process was the Norman Conquest of England and Ireland.

The Normans lived in Normandie on the north coast of France (look at the map, page vi) and spoke French. These powerful warriors invaded England and Ireland about a thousand years ago and became the rulers. For about two hundred years after that, French was the language of the aristocracy in both England and Ireland.

In Ireland, the Normans built many castles and developed numerous towns, Carlingford, Kilkenny, Nenagh, Trim, Galway, Athenry, to name just a few. The Normans eventually became 'more Irish than the Irish themselves', and abandoned their native French in favour of the Irish language. Nevertheless, the Normans kept their French names, many of which are still in use in Ireland today. Fitzgerald means 'son of Gerald' in French (fils de Gerald). Burke means 'town' in French (bourg). De Burgh means 'from the town' (Dubourg or Debourg). De Courcy means 'from Courcy' (a village in France) and Darcy 'from Arcy' (a village in France). Other names of Norman origin include Devereux, Lavelle, and Dubarry.

Throughout the centuries, Ireland and France have always enjoyed close relations (wasn't Saint-Patrick himself supposedly French?). Irish monks built famous monasteries in France, while renowned Irish scholars travelled across Europe during the Middle Ages. An Irish college can still be found in Paris today.

Athenry Castle, built by the Normans

Many Irish, fleeing religious persecution, settled in France and were to become eminent French citizens. Some settled in the Bordeaux region and bought vineyards. Irish names continue to adorn the labels of French wines today.

Exporting Irish sea food from Kerry to France

One of the first Presidents of France was General Patrick MacMahon, whose family came from County Clare. Another famous politician was Admiral McCoy, Minister for the Marine. The King of France even had a battallion made up of Irish soldiers, which he called 'la Brigade Irlandaise'.

In return, France helped the Irish to rebel against the British. 1798 is remembered as 'The Year of the French' during which French troops, together with the Irish revolutionaries, mounted an insurrection.

Ireland v France rugby international

Dundalk twinned with Reze in France

Today, Ireland and France are close partners in the European Union. Natural barriers are being removed (Paris is a mere $1\frac{1}{2}$ hour plane journey away from Dublin) and exchanges between Ireland and the French-speaking countries are becoming more important every day in areas such as tourism, education, trade, banking, insurance. The bond between Ireland and France will grow ever stronger as Europe moves forward.

UN

COMMENT TU T'APPELLES?

■ *Sommaire*

COMMUNICATION:	**PHONÉTIQUE:**
se présenter	l'alphabet
épeler	un/une
compter (0 - 20)	é/è
LE FRANÇAIS EN CLASSE:	**CIVILISATION:**
Comment on dit ... en français?	'faire la bise'
	villes et pays de la Francophonie
GRAMMAIRE:	noms et prénoms français
le verbe	
le nom	
le genre	

■ *Écoutez!*

1.1

– Bonjour! Comment tu t'appelles?
– Bonjour! Je m'appelle Pascal. Et toi?
– Je m'appelle Sophie.

1.2

– Bonjour! Tu t'appelles comment?
– Bonjour! Je m'appelle Pierre Debourg.
  Et toi?
– Je m'appelle Stéphane Joahnnie.
– Pardon?
– Stéphane Joahnnie. J'épelle:
  J - 0 - A - H - deux N - I - E.

1.3
– Bonjour! Je m'appelle Frédéric. Et toi?
– Bonjour! Je m'appelle Pascale.
– Tu as quel âge, Pascale?
– J'ai 12 ans. Et toi?
– Moi, j'ai 13 ans.

1.4
– Tu habites où, Marc?
– J'habite à Genève. Et toi?
– J'habite à Abidjan.

EN FRANÇAIS, S'IL VOUS PLAÎT!

1. un livre
2. une chaise
3. un stylo
4. une table
5. un cahier
6. une règle
7. un crayon
8. une trousse

Look at the picture and ask what each object is.

Exemples:

- Qu'est-ce que c'est?

- C'est un stylo.

- Comment on dit 'a biro' en français?

- On dit, 'un stylo'!

■ *Découvrez Les Règles!*

SALUER

Look at the pictures.
How do young people greet one another in France?

SE PRÉSENTER

How do you say the following in French? Read over the dialogues at the beginning of the chapter and find the vocabulary.
   Write it out in your copy and learn it off by heart.

Hello!
What's your name?
My name is ...
What age are you?
I am 12.
Where do you live?
I live in ...
Please.
Sorry.

LE VERBE

a. What is a verb? Find examples in English.
b. Complete the following definition and learn it off by heart.

A ... is a word that describes the action or state of a person, place, or thing.

c. Read over the dialogues again and fill in the following grid in your copy.
   Learn these verbs off by heart!

avoir	s'appeler	habiter
j'	je	j'
tu	tu	tu

! Note that 'J'ai 12 ans.' literally means 'I have 12 years' and not 'I am 12'.

LE NOM

a. What is a noun? Find examples in English.
b. Complete the following definition and learn it off by heart.
   A noun is a word that names a ..., a place, or a ... .

c. Read over the dialogues and 'En Français, S'il Vous Plaît!'. Find 5 proper nouns (spelt with a capital letter) and 5 common nouns. Write them into your copy as two lists.

Exemples:

NOMS PROPRES	NOMS COMMUNS
Pascal, ...	une table, ...

d. Look at the two lists.
   Is there a word in front of the proper nouns?
   Is there a word in front of the common nouns?
   What does this word tell us about the noun?

e. Read over the common nouns in 'En Français, S'il Vous Plaît!' and put them into two columns, according to whether they are masculine or feminine.

Exemples:

NOMS FEMININS	NOMS MASCULINS
une table	un téléphone

■ *A Vous!*

Match a question with the appropriate answer. Écrivez dans votre cahier!

J'habite à Lyon.   Comment tu t'appelles?   Tu as quel âge?

Je m'appelle Alex.   Tu habites où?   J'ai douze ans.

Fill in the blanks with one of the words provided below. Recopiez les phrases dans votre cahier!

m'appelle	Tu _____ comment?
habites	Tu _____ quel âge?
as	Tu _____ où?
habite	Je _____ Laurent Delcour.
t'appelles	J' _____ treize ans.
ai	J' _____ à Bordeaux.

QU'EST-CE QU'ILS DISENT?

a. Fill in the speech bubbles.
b. Practice saying the dialogues with your partner.

1.5

Écoutez et remplissez la grille dans votre cahier!

	nom	âge	adresse
1			
2			
3			
4			
5			

Now match each person and place you have heard with one of these pictures.
Find these places on the map on page 1.

A

B

C

D

E

1.6

Chantez!

A   B   C   D   E   F   G

H   I   J   K   L   M   N   O   P

Q   R   S   T   U   et   V

W   X   Y   et   Z

Voilà l'alphabet français!

ÉPELEZ!

Look at the calendar on page 56 and find names that start with one of the letters of the alphabet.

A comme Anabelle, B comme Bruno, C ..., D ..., E ..., F ..., G ..., H ..., I ..., J ..., K ..., L ..., M ..., N ..., O ..., P ..., Q ..., R ..., S ..., T ..., U ..., V ..., W ..., X ..., Y ..., Z ... .

Ask a student for his/her name. Then ask him/her to spell it.

Exemple:
- Comment tu t'appelles?
- Je m'appelle Fergus.
- Épelle, s'il te plaît!
- F comme François , E comme Eugène, ...

JEUX DE RÔLE

Première rencontre

A says hello and asks B's name.
B says hello, gives name and asks A's name.
A gives name.
B asks what age A is.
A says 12 and asks what age B is.
B says 13 and asks where A lives.
A says he/she lives in Paris and asks where B lives.
B says he/she lives in Bordeaux.

Pascal/Pascale Malozitch (A) and Claude Lafuma (B) meet in the schoolyard.
A says hello and asks B's name.
B says hello, tells his/her name and asks A's name.
A tells his/her name.
B doesn't understand.
A spells name.

A la Maison des Jeunes
A wants to join the youth club and goes to the admissions office.
B is the secretary and takes down the information given by A.
A says hello.
B says hello and asks A's name.
A gives his/her name.

B doesn't understand.
A says he/she will spell the name.
B writes the name and then asks
A's age.
A gives his/her age.
B writes down the age and
asks where A lives.
A tells B where he/she lives.
B writes it down.
A thanks B.

1.7

Écoutez le dialogue entre Sophie et Christian et remplissez les blancs dans votre cahier!

– _____ (1)! Comment tu _____ (2)?
– Je _____ (3) Christian. Et toi, comment tu _____ (4)?
– Moi, je _____ (5) Sophie Devereux.
– Pardon?
– Sophie Devereux. J'_____ (6). D-E-V-E-R-E-U-X .
– Tu _____ (7) quel âge?
– J' _____ (8) _____ (9) ans. Et toi?
– J'_____ (10) treize _____ (11) . Tu _____ (12) où?
– J'habite à _____ (13). Et toi?
– _____ (14) à Marseille.

PRÉSENTEZ-VOUS!

Introduce yourself to your classmates and get to know them. Ask them their name, their age and where they live.

Prononcez bien!
Les voyelles: **a e i o u y**

Les accents:
é: accent aigu (as in late, bay, bait, hate, paid)
è: accent grave (as in let, bed, bet, said, head)
ê: accent circonflexe (pronounced as _accent grave_)

Spell the following names in French.

Exemple:
Léonard: L - E accent aigu - O - N - A - R - D

Léonard	Thérèse	Hélène
Béatrice	Hervé	Cécile
Frédéric	Léa	Nadège
René	Céline	Geneviève

1.8

Écoutez bien et écrivez é ou è dans votre cahier!
– Bonjour! Je m'appelle Gerard. J'habite à Megeve.
– Moi, je m'appelle Severin. J'habite à Guenole, en Bretagne.
– Moi, je m'appelle Andre. J'habite à Compiegne.
– Bonjour, je m'appelle Helene. J'habite à Corbieres.
– Moi je m'appelle Cecile. J'habite à Orleans.

Find the French for the following words.

Exemple:
Comment on dit 'forest' en français?
On dit 'forêt'.

forest   isle   hospital   paste   interest   mast

<u>Devinez!</u>

Try to guess what the English is for the following French words (read the words aloud, it will help!).

Exemple:
un rôti = a roast

un rôti	arrêter	une croûte
un maître	une bête	un plâtre
une hôtesse	un prêtre	une conquête
une fête	un hôtel	août
une côte	honnête	Pentecôte

1.9

UN ou UNE?

Listen and fill in the blanks in your copybook with 'un' or 'une'.

____ tarte	____ orange	____ magazine
____ biscuit	____ orchestre	____ lampe
____ bouteille	____ guitare	____ gâteau
____ salade	____ journal	

Qu'est-ce que c'est?

Exemple:

A - c'est une orange.

1.10

Dictée: listen carefully and write what you hear in your copy.

1.11

Comptez!

0 zéro	6 six	12 douze	18 dix-huit
1 un	7 sept	13 treize	19 dix-neuf
2 deux	8 huit	14 quatorze	20 vingt
3 trois	9 neuf	15 quinze	
4 quatre	10 dix	16 seize	
5 cinq	11 onze	17 dix-sept	

Write the following in numerals.

un	quinze	dix-huit	quatorze
neuf	six	quatre	trois
cinq	dix	douze	sept

Write the following numbers in French.

12	2	17	5
19	8	20	15
13	11	0	3

1.12

Écoutez bien. Write down the numbers you hear in your copybook.

a. _____	f. _____	k. _____
b. _____	g. _____	l. _____
c. _____	h. _____	m. _____
d. _____	i. _____	n. _____
e. _____	j _____	o. _____

Ask someone in the class to spell a number.

Exemple:
- Sean, épelle quatorze, s'il te plaît.
- Quatorze: Q - U - A - T - O - R - Z - E.

DEUX

LE CAMP DE VACANCES EUROPÉEN

■ Sommaire

RÉVISION:

le verbe
le genre
les chiffres et les nombres
épeler / l'alphabet

COMMUNICATION:

parler de quelqu'un
dire comment on va
introduire quelqu'un

LE FRANÇAIS EN CLASSE:

l'appel

GRAMMAIRE:

le verbe (avoir, être, habiter, parler, s'appeler)
les pronoms (singulier)
le genre (adjectif)

PHONÉTIQUE:

montée / descente (Ça va? Ça va.)

CIVILISATION:

les jeunes et l'Europe / Strasbourg
quelques personnages français célèbres
écrire à un correspondant

■ Ecoutez!

2.1

Delphine:	Qui est-ce, le garçon?
Hans:	C'est un ami.
Delphine:	Il s'appelle comment?
Hans:	Il s'appelle Tony.
Delphine:	Il a quel âge?
Hans:	Il a quatorze ans.
Delphine:	Quelle est sa nationalité?
Hans:	Il est irlandais.
Delphine:	Il habite où?
Hans:	Il habite à Westport, en Irlande. Il parle trois langues: irlandais, anglais et français.

Elle s'appelle Delphine Clément.
Elle est française.
Elle a treize ans.
Elle habite à Quimper, en Bretagne.
Elle parle breton, français et anglais.

Il s'appelle Hans Richter.
Il est allemand.
Il a treize ans.
Il habite à Leipzig, en Allemagne.
Il parle allemand et anglais.

2.2

Hans: Salut Tony!
Comment vas tu?

Tony: Salut Hans! Je vais bien,
merci. Et toi?

Hans: Ça va très bien. Delphine,
je te présente mon ami
Tony. Tony, voici Delphine.

Delphine: Salut, ça va?

Tony: Ça va bien, merci. Tu es
allemande?

Delphine: Non, je suis française.
Et toi?

Tony: Moi, je suis irlandais.
J'habite à Wesport, dans le
comté de Mayo. Tu parles
anglais?

Delphine: Oui, je parle anglais,
français et breton.

NOM: Mairead Phillips
ÂGE: 12 ans
NATIONALITÉ: irlandaise
ADRESSE: Bray, Irlande
CARTE N° 14. 03. 11. 20
LANGUES: irlandais, anglais, français

NOM: Paula Reed
ÂGE: 13 ans
NATIONALITÉ: anglaise
ADRESSE: Londres, Angleterre
CARTE N° 00. 04. 13. 12
LANGUES: anglais, français

NOM: Nigel Watson
ÂGE: 11 ans
NATIONALITÉ: anglais
ADRESSE: Bedford, Angleterre
CARTE N° 00. 06. 15. 18
LANGUES: langues: anglais, français, allemand

NOM: Fabrice Lhomme
ÂGE: 13 ans
NATIONALITÉ: français
ADRESSE: Toulouse, France
CARTE N° 18. 08. 16. 05
LANGUES: français, anglais, italien

NOM: Petra Lufkens
ÂGE: 13 ans
NATIONALITÉ: allemande
ADRESSE: Braunschweig, Allemagne
CARTE N° 12. 06. 18. 07
LANGUES: langues: allemand, anglais, espagnol

■ *Découvrez Les Règles!*

LES PRONOMS

Look at dialogue 2.1. Hans and Delphine talk about Tony. What word do they use instead of the word 'Tony'?

Now look at the text describing Delphine. What word replaces the word 'Delphine'?

Complete the following definition and learn it off by heart.

Pronouns are words that can replace a ... .

List the 4 pronouns you have learned.

LES VERBES

Name the 2 new verbs you have learned in this lesson.

Fill in the following grid in your copy and learn the verbs by heart.

avoir	être	s'appeler	habiter	parler
j'ai	____ ____	je m'appelle	j'habite	je ____
tu as	____ ____	tu t'appelles	tu habites	____ ____
il ____	il ____	il ____	il ____	____ ____
elle ____	elle ____	elle ____	elle ____	____ ____

LES ADJECTIFS

a. What is an adjective? Find examples in English.
b. Can you find any adjectives in the dialogues?
c. In dialogue 2.1, what does the word 'irlandais' refer to?
   In dialogue 2.2, what does the word 'française' refer to?

d. Complete the following definition and learn it off by heart.
   An adjective is a word that describes a noun or a ... .

e. Fill in the missing adjectives. Ecrivez dans votre cahier!

	France	Irlande	Allemagne	Angleterre
Il est	français		allemand	anglais
elle est	française	irlandaise	_____	_____

	Italie	Portugal	Espagne	Danemark
Il est	_____	_____	espagnol	danois
elle est	italienne	portugaise	_____	_____

SALUER (DIALOGUE 2.2)

a. Find 2 ways of enquiring about how someone is.
   What does Hans ask Delphine on meeting her?
   What does Delphine ask Tony?
b. What are the appropriate replies?

INTRODUIRE (DIALOGUE 2.2)

How do you introduce people to one another?

■ *A Vous!*

Devinette: read over the following clues and find out which member of the European Summer Camp is being described.
Exemple:
Il a quatorze ans. Il parle français, irlandais et anglais.
Qui est-ce? C'est Tony.

a. Il a quatorze ans. Il parle français, irlandais et anglais. Qui est-ce?
b. Elle a treize ans. Elle parle anglais et français. Qui est-ce?
c. Elle a treize ans. Elle parle anglais, français, et breton. Qui est-ce?
d. Il a treize ans. Il parle français, italien et anglais. Qui est-ce?
e. Il a treize ans. Il parle allemand et anglais. Qui est-ce?

Look at the pictures, read the text and answer the questions.

Il/elle s'appelle comment?

Il/elle habite où?

Quelle est sa nationalité?

Exemples:

Il s'appelle comment? Il s'appelle Federico Jimenez.

Il habite où? Il habite à Madrid.

Quelle est sa nationalité? Il est espagnol.

a. Federico Jimenez, Madrid.

b. Juanita Garcia, Barcelone.

c. Silvia Perricone, Rome.

d. Michael Bach, Berlin.

e. Joao Pinto, Lisbonne.

f. Ingrid Jansen, Copenhague.

Remettez les mots dans l'ordre.

Exemple:

a. 1. s'appelle   2. elle   3. comment?

   (deux - un - trois)

   réponse: Elle s'appelle comment?

   2 1 3

b. 1. Françoise 2. s'appelle 3. Elle
(trois - deux - un)

c. 1. où? 2. Elle 3. habite
(deux - trois - un)

d. 1. Metz 2. à 3. habite 4. Elle
(quatre - trois - deux - un)

e. 1. âge? 2. Elle 3. quel 4. a
(deux - quatre - trois - un)

f. 1. a 2. ans 3. Elle 4. douze
(trois - un - quatre - deux)

g. 1. sa 2. est 3. nationalité? 4. Quelle
(quatre - deux - un - trois)

h. 1. est 2. française 3. Elle
(trois - un - deux)

i. 1. français 2. allemand 3. Elle 4. et 5. parle 6. anglais
(trois - cinq - deux - un - quatre - six)

Remplissez les blancs. Ecrivez dans votre cahier!

Tu ____ comment? (s'appeler)
Tu ____ où? (habiter)
Tu ____ quel âge? (avoir)
Tu ____ français? (être)
Tu ____ anglais? (parler)

Je ____ René.
J' ____ à Nice.
J' ____ douze ans.
Je ____ français.
Je ____ anglais.
Elle ____ Laure.

Elle ____ à Bayonne.
Elle ____ treize ans.
Elle ____ française.
Elle ____ français et basque.

Match a pronoun with the appropriate verb form.
Ecrivez 10 phrases dans votre cahier!

j'	m'appelle	Claude.
je	a	treize ans.
tu	s'appelle	Marc.
il	ai	douze ans.
elle	suis	français.
	parles	français et anglais.
	habite	à Paris.
	es	allemand.
	t'appelles	Juliette.
	habites	à Marseille.

2.3

Ecoutez et recopiez la grille dans votre cahier!

	nom	age	ville	nationalité	langues
1.					
2.					
3.					

ECHANGE

Imagine you are taking part in the European Summer Camp. Make out your own identity card and fill in details.

Role play with your partner. Ask for name, age, town, nationality, languages spoken.

Exemple:

Comment tu t'appelles?

Je m'appelle ...

Now point out a class member and ask your partner to present him/her to you. Ask for name, age, nationality, address and languages.

Exemple:

you: Il/elle s'appelle comment?

partner: Il/elle s'appelle ...

you: Il/elle a quel âge?

partner: ...

2.4

Ecoutez et remplissez les blancs dans votre cahier.

a. – Quelle _____ (1) ta nationalité?

  – Je _____ (2) française. _____ (3) habite à Nancy.

  – Et toi, tu _____ (4) où?

  – Moi, _____ (5) habite à Ennis.

b. – Bonjour Ciara! Tu es _____ (6)?

  – Oui. J' _____ (7) dans le _____ (8) de Louth. Et toi?

  – Moi, je suis _____ (9) et _____ (10) habite à Toulon.

c. – Elle est _____ (11)?

  – Non, elle _____ (12) allemande.

  – Comment elle _____ (13)?

  – Elle _____ (14) Eva. Elle _____ (15) à Cologne.

2.5

Masculin ou feminin?

Listen carefully. You will hear a list of 15 adjectives describing nationalities (français, française, etc.). Write whether the adjective is masculine or feminine.

1. française: fem.
2. français: mas.
3.
4.
5.
6.
7.
8.
9.
10.
11.
12.
13.
14.
15.

2.6

Dictée: listen very carefully and write what you hear in your copy.

2.7

Prononcez bien!

Ça va bien?   Ça va bien.

Ça va?   Ça va.
Tu es française?   Je suis française.
Tu parles français?   Je parle français.
Elle parle irlandais?   Elle parle irlandais.

COMMENT ÇA VA?

Bonjour, comment vas-tu?
Salut, ça va bien?
Salut, ça va?

Listen to the tape, copy the grid and tick the box where appropriate.

	is very well	is ok	isn't well
Pierre			
Suzanne			
André			
Magali			

Invent a dialogue for each of these pictures.

JEUX DE RÔLE

A says hello and asks how B is.
B says hello and says he/she is ok. B asks how A is.
A is very well. A asks for B's name.
B gives name (Ludo Spatzer).
A doesn't understand.
B spells it.
A asks for B's nationality.
B says he/she is German and asks for A's nationality.
A says he/she is French.

Jean-Loup Chrétien, le premier Européen dans l'espace.

A says hello and asks how B is.
B says hello and says he/she is very well. B asks how A is.
A is well. A asks if B speaks English.
B doesn't speak English. B speaks French and German.
A asks for B's nationality.
B is Belgian. B asks for A's nationality.
A is Irish and lives in Letterkenny, County Donegal.

A says hello and asks how B is.
B is fine. B ask how A is.
A is very well.
A introduces B to C.
B says hello to C and asks how C is.
C says hello and says he/she is very well. C asks how B is.
B is fine.

Eric Cantona

QUI EST-CE?

Match one of these sentences with the appropriate picture.
C'est un acteur.
C'est un homme politique.
C'est un footballeur
C'est une chanteuse.
C'est un astronaute.
C'est une actrice.

Isabelle Adjani

Edith Piaf

Jacques Chirac, le président de la République Française.

Gérard Depardieu

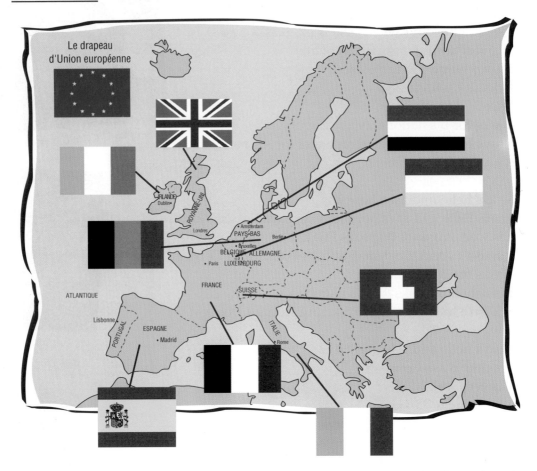

Draw and colour in the following flags in your copy (look at the flags above).

Le drapeau européen est bleu et jaune.
Le drapeau français est bleu, blanc, rouge.
Le drapeau irlandais est vert, blanc, orange.
Le drapeau allemand est noir, rouge, jaune.

Répondez à la question et dessinez le drapeau.

De quelle couleur est le drapeau britannique?
De quelle couleur est le drapeau belge?
De quelle couleur est le drapeau luxembourgeois?
De quelle couleur est le drapeau suisse?
De quelle couleur est le drapeau italien?
De quelle couleur est le drapeau espagnol?

Je cherche une correspondante irlandaise ou allemande, 12 ou 13 ans. J'aime le football et la danse.

Pierre Jacob

18, avenue du Général de Gaulle

37000 Tours

France

Je cherche une correspondante ou un correspondant allemand(e), irlandais(e), 12-13 ans. J'aime le basket. Mon passe-temps favori est la musique. Je parle français et allemand.

Sophie Dumay

11, route de Paris

59000 Lille

France

Je cherche un correspondant écossais ou irlandais. J'aime les animaux et je collectionne les timbres. J'ai 12 ans.

Carole Laure

15, rue Pasteur

44000 Nantes

Answer the following questions in English.

a. These extracts are taken from
 i.   a book
 ii. a newspaper
 iii. a television guide?
b. What is Pierre Jacob looking for?
c. Pierre likes soccer - true or false?
d. Where does Pierre live?
e. Carole collects stamps - true or false?
f. What does Carole like?
g. How old is Carole?
h. What is Sophie's favourite pastime?
i. Sophie lives in Paris - true or false?
j. What languages does Sophie speak?

Reply to one of the ads.
Mention: your name
           your age
           where you live (country, town, county)
           one or two of your pastimes
           languages

Cher_____ / Chère _____

Ecris-moi vite. A bientôt!

Salut!

LE QUIZ EUROPÉEN

Formez des équipes et répondez aux questions.

The following quiz is composed of 8 rounds of 2 questions each.
Read over all the questions. Then close your books.
The teacher will be the quizmaster. Bonne chance!

Round 1:
Comment s'appelle la présidente de la République d'Irlande?
De quelle couleur est le drapeau français?

Round 2:
Comment s'appelle le premier Européen à marcher dans l'espace?
De quelle couleur est le drapeau irlandais?

Round 3:
Nommez une actrice irlandaise célèbre.
Comment s'appelle la capitale de l'Allemagne?

Round 4:
De quelle couleur est le drapeau italien?
Nommez un chanteur anglais célèbre.

Round 5:
Nommez une actrice française célèbre.
Nommez la capitale du Portugal.

Round 6:
Nommez trois villes françaises.
Comment s'appelle la capitale de la Grèce?

Round 7:
Comment s'appelle la capitale de la Belgique?
Comment s'appelle le président de la République Française?

Round 8:
Nommez un acteur français célèbre.
Comment s'appelle la capitale de l'Espagne?

TROIS

REPORTAGE EN BRETAGNE

■ *Sommaire*

RÉVISION:

pronoms personnels (singulier)
le genre
les chiffres et les nombres

COMMUNICATION:

parler de quelqu'un
les jours / les mois
les nombres (suite: 20 - 100)

LE FRANÇAIS EN CLASSE:

Rangez vos affaires!

GRAMMAIRE:

le verbe (avoir, être, habiter, aimer,
adorer)
les pronoms personnels (pluriel)
le nombre
les articles définis et indéfinis

PHONÉTIQUE:

lettres muettes

CIVILISATION:

le tu et le vous
la Bretagne
les 'nations celtiques'

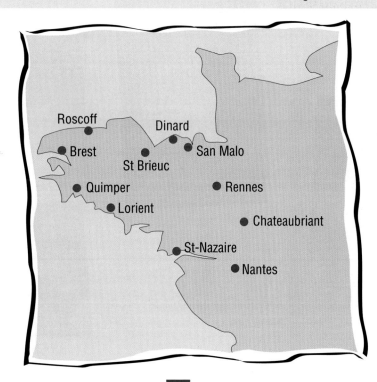

Bretons en costume traditionnel à une fête du pardon, une célébration religieuse.

La Bretagne est le pays des artichauts.

Le site préhistorique de Carnac. C'est un alignement de 3000 pierres.

Un pêcheur à Concarneau, dans le Finistère.

Le château de Combourg. La Bretagne a 4000 châteaux ou manoirs!

La forteresse et le port de Saint-Malo.

Crêpes et cidre: le dîner traditionnel en Bretagne.

Le festival interceltique de Lorient. Les 8 nations celtes sont: la Bretagne, l'Irlande, l'Ecosse, le Pays-de-Galles, la Cornouaille, l'île de Man, la Galicie et l'Asturie (en Espagne).

Les instruments de musique traditionnels en Bretagne: le biniou et la bombarde.

Ecoutez!

Saint-Brieuc, le 27 juillet: le festival de musique bretonne

3.1

Reporter: Bonjour, je m'appelle Isabelle Ferrand. Je suis reporter. Tu es breton?

Armel: Oui, je suis breton. J'habite ici, à Saint-Brieuc.

Reporter: Tu aimes le festival?

Armel: Oui, c'est super! J'aime la musique traditionnelle, les costumes, la culture bretonne, les crêpes et le cidre doux!

Reporter: Comment tu t'appelles?

Armel: Je m'appelle Armel Leny.

Reporter: Tu as quel âge?

Armel: J'ai 15 ans.

Reporter: Tu parles breton?

Armel: Oui bien sûr. Kenavo!

Reporter: Pardon?

Armel: Kenavo ... Salut, en breton!

Lorient, le 5 août: le festival interceltique.

3.2

Reporter: Je suis reporter. Vous parlez français?
Jean: Oui, bien sûr, je suis français!
Reporter: Vous aimez le festival?
Jean: Oui, j'aime beaucoup la musique celtique: la harpe, le biniou, la bombarde, la cornemuse. J'adore les concerts et la fête! J'aime aussi la région: il y a une rivière, un port, des bateaux ... C'est magnifique!
Reporter: Vous habitez où?
Jean: J'habite à Saint-Malo.
Reporter: Comment vous vous appelez?
Jean: Je m'appelle Jean Picon.
Reporter: Vous avez quel âge?
Jean: J'ai 31 ans.
Reporter: Merci. Kenavo!
Jean: Kenavo!

Dinard, le 10 août: le festival de la jeunesse et de la mer.

3.3

Reporter:	Bonjour, je suis reporter. Vous parlez français?
Julie:	Oui, nous parlons français.
Reporter:	Vous aimez le festival?
Paul:	Oui! C'est super. Nous adorons la mer, les bateaux, le port, la musique, la danse. Le festival de la mer, c'est super!
Reporter:	Vous habitez où?
Julie:	Nous habitons à Roscoff.
Reporter:	Vous parlez breton?
Julie:	Oui, bien sûr, nous parlons breton.
Reporter:	Vous vous appelez comment?
Julie:	Je m'appelle Julie Penven et il s'appelle Paul Kérouac.
Reporter:	Vous avez quel âge?
Julie:	Nous avons 14 ans.
Reporter:	Merci, au revoir!
Julie et Paul:	Salut! Kenavo!

NOM: Ferrand
PRÉNOM: Isabelle
NÉE: le 6 juin 1966
ADRESSE: 32, avenue de la Liberté, Montréal, Canada
REPORTER À: Le Journal de Montréal
CARTE N° 018-2-20-15

Le Journal de Montréal

dimanche 29 août 1997

REPORTAGE EN BRETAGNE

par notre reporter Isabelle Ferrand
Première partie: les Festivals de Bretagne

En Bretagne, les festivals sont fantastiques!

A Saint-Brieuc, le 27 juillet, il y a le festival de la musique. Armel Leny (photo) adore le festival. Il a 15 ans, il est breton et il habite à Saint-Brieuc. Il aime la musique traditionnelle, les costumes, les crêpes et le cidre doux!

A Dinard, le 10 août, il y a le festival de la jeunesse et de la mer. Julie Penven et Paul Kérouac (photo) sont bretons. Ils adorent le festival! Ils aiment la mer, les bateaux, la musique, la danse. Julie et Paul parlent breton et français. Ils ont 14 ans. Ils habitent à Roscoff.

Kenavo! ('au revoir' en breton)
Suite du Reportage: le 5 Septembre

EN FRANÇAIS, S'IL VOUS PLAÎT!

Rangez vos affaires! Et en silence, s'il vous plaît!

■ *Découvrez Les Règles!*

LES PRONOMS *TU* ET *VOUS* (SEE GRAMMAR SECTION, PAGE 287)

a. List the new personal pronouns you have learned in this lesson.

b. Why, in your opinion, are there two ways to say 'you' in French?
Can you find any similar examples in English or Irish? (Think of prayers, religious hymns.)

c. Complete the list of personal pronouns and learn them off by heart.

1st person singular: je	1st person plural: ____
2nd person singular: tu	2nd person plural: ____
3rd person singular: il/elle	3rd person plural: ____ /elles

LES VERBES

a. Name the new verb forms you have learned in this lesson.

b. Fill in the following grid in your copy and learn it off by heart.

avoir	être	habiter	parler
j'ai	je suis	j' habite	je parle
tu as	tu es	tu habites	tu parles
il a	il est	il habite	il parle
elle a	elle est	elle ____	elle ____
nous ____	nous ____	nous ____	nous ____
vous ____	vous ____	vous ____	vous parlez
ils ____	ils ____	ils ____	ils ____
elles ont	elles sont	elles habitent	elles ____

LES ARTICLES (SEE GRAMMAR SECTION, PAGE 285)

a. Read over the 3 dialogues (3.1, 3.2, 3.3) and write down all the articles with their nouns in your copy.

singular		plural
masculin	**féminin**	**masculin/féminin**
un ____	une ____	des ____
le ____	la ____	les ____

■ *A Vous!*

TU OU VOUS?

Do the people in the following pictures say 'tu' or 'vous' when speaking to each other?
Explain your choice.
Now imagine what the people are saying. Write a short dialogue for each picture.

Trouvez la question.
Find the question to match the answer.

Replace **vous** with **tu.**
Exemple:
Vous parlez français? **Tu parles** français?

a. Comment vous appelez-vous?
b. Vous avez quel âge?
c. Vous parlez breton?
d. Vous êtes français?

e. Vous aimez le festival de Lorient?
f. Vous habitez à Brest?
g. Comment vous vous appelez?
h. Vous adorez les crêpes?

Répondez aux questions. (There are two correct answers!)
Exemple:
Vous habitez où?
J'habite à Longford.
or
Nous habitons à Longford.

Quel âge avez-vous?
Vous habitez où?
Vous parlez français?

Vous aimez la France?
Vous êtes breton?

3.4

Ecoutez et remplissez.

Listen carefully to the people being interviewed at the Lorient pan-celtic festival. Fill in the grid in your copy.

Name	Age	Nationality	Address	What do they like about the festival?
Monsieur Martin				
Pierre et Corinne				
Madame Killy				
Hamed				

Match a question with the appropriate answer.

Vous parlez français?   Je m'appelle Stéphane.

Vous habitez où?   J'ai 28 ans.

Vous vous appelez comment?   Non, elles parlent français.

Tu habites où?   Nous habitons à Châteaubriant.

Vous avez quel âge?   J'habite à Saint-Pol-de-Léon.

Elles parlent breton?   Oui, nous parlons français.

Complétez le tableau dans votre cahier.

avoir _____

Il **a** 12 ans.

Nous ____ 11 ans.

Elles ____ 13 ans.

Vous ____ 19 ans.

être _____

Elle ____ irlandaise.

Vous ____ irlandais.

Ils ____ irlandais.

Nous ____ français.

habiter _____

Elle ____ en Bretagne.

Elles ____ à Paris.

Vous ____ en Irlande.

Nous ____ en France.

parler _____

Je ____ breton.

Marie et Paul ____
     irlandais.

Ils ____ allemand.

Vous ____ anglais.

aimer _____

Tu ____ les festivals.

Elles ____ les crêpes.

Ils ____ le cidre doux.

Nous ____ les châteaux.

adorer _____

Il ____ les bateaux.

Ils ____ la Bretagne.

Nous ____ la musique.

Elles ____ la France.

Make 9 sentences and write them in your copy.

Je	habitons	à Paris.
J'	parlent	le festival de Lorient.
Tu	habitez	Hubert.
Il	aimes	breton.
Elle	adore	14 ans.
Nous	s'appelle	la Bretagne.
Vous	êtes	irlandais.
Ils	aiment	les crêpes.
Elles	suis	à Rennes.
	parlons	
	aime	

3.5

Listen to the interview and fill in the blanks.

Comment vous appelez-vous?
Je ____ (1) Thierry Lefranc et il ____ (2) Marc Dupuis.
Vous ____ (3) où?
Nous ____ (4) à ____ (5).
Vous ____ (6) quel âge?
Nous ____ (7) douze ans.
Vous ____ (8) la Bretagne?
Oui, nous ____ (9) cette région.

JEUX DE RÔLE

1. **A, a reporter, interviews B, a middle-aged person.**
   A asks for B's name.
   B gives name.
   A asks if B is Irish.
   B says he/she is Irish.
   A asks age.
   B is 42.
   A asks B where he/she lives.
   B lives in Dublin.
   A asks B if he/she likes the festival.
   B loves the festival.
   A thanks B and says goodbye.
   B says goodbye.

2. **A interviews B and C, two friends.**
   A asks for their names.
   B gives name.
   C gives name.
   A asks how old they are.
   B says they are both 12.
   A asks where B and C live.
   C says he/she lives in Ennis and B lives in Limerick.
   A asks if B and C like the festival.
   B and C say they love the festival.

Replace <u>un</u> and <u>une</u> with <u>le</u>, <u>la</u> or <u>l'</u>.
Exemple:
un festival → **le** festival

a. un artichaut
b. un ami
c. un article
d. une photo

e. un port
f. une bombarde
g. un biniou

h. une crêpe
i. une avenue

Put the following into the plural.
Exemples:
un bateau → des bateaux
l'ami → les amis

a. une fête
b. un voilier
c. la photo

d. le reportage
e. un château
f. le musicien

g. la crêpe
h. un manoir
i. la nation

3.6
Prononcez bien!

Listen to the following sentences and cross out the letters that aren't being pronounced.
Exemple:
elles ador~~ent~~ le~~s~~ crêpe~~s~~.

a. Je m'appelle André.
b. Elles aiment la Bretagne.
c. Ils habitent dans le comté de Louth.
d. Nous adorons la France.
e. Vous aimez l'Irlande?

f. Vous êtes irlandais?
g. Vous êtes français?
h. Tu as 13 ans.
i. Tu habites en Irlande?

3.7
Dictée: écoutez et écrivez.

Lisez le journal!

Le Journal de Montréal

dimanche 5 septembre 1997
REPORTAGE EN BRETAGNE
par notre reporter Isabelle Ferrand

La Bretagne est une région dans l'ouest de la France. Rennes est la capitale. La Bretagne a 2 795 000 habitants. C'est un pays de légendes et d'histoires extraordinaires.

Il y a 1 100 kilomètres de côtes en Bretagne! Les côtes s'appellent côte d'Emeraude, côte d'Amour, côte Sauvage, côte des Légendes, côte de Granit Rose.

La pêche et l'agriculture sont très importantes pour les Bretons: ils cultivent les céréales, le maïs, les artichauts, les carottes, les oignons, les tomates.

Le tourisme aussi est très important: en 1995, 10 millions de touristes ont visité la Bretagne. Les touristes aiment les ports (Lorient, Saint-Malo, Roscoff, Brest, Saint-Brieuc ...). Ils aiment la nature, les forêts, les côtes, la mer, les lacs.

Les touristes aiment visiter les châteaux, les manoirs, les abbayes, les musées. Ils adorent la spécialité bretonne: les crêpes! Les crêpes sont bonnes avec du sel, du jambon, du salami, du fromage. Elle sont délicieuses avec du sucre, de la confiture ou du chocolat.

La Bretagne, c'est génial!

Answer the following questions in English.

a. In which part of France is Brittany?

b. What is the capital of Brittany?

c. How many inhabitants are there in Brittany?

d. Brittany doesn't have a long coastline. True or false?

e. Give the names of at least 3 coastlines in Brittany.

f. Peaches and agriculture are very important in Brittany. True or false?

g. Name the main tourist attractions.

h. Crêpes taste lovely with ham and cheese. True or false?

Découvrez votre région!

Find out about your own town/county. You could go to the library or ask your geography teacher. You should find brochures and a calendar of events at your local tourist office or enterprise centre.

Once you have the information, write a short article. Ask your teacher to help you.

In which part of Ireland is your county? (le nord, le sud, l'ouest, l'est)

What is the main town?

How many inhabitants are there?

What is the main industry in the area?

How many tourists visited the area last year?

What are the main tourist attractions?
Are there any festivals? When?
What are the major events taking place in your town/county?

Le mini-quiz
Make up teams. Read over the following questions (you can ask your teacher for explanations - in French!) and then close your books. The teacher is the quizmaster. Bonne chance!
1. Comment s'appelle la capitale de la Bretagne?
2. Nommez 5 nations celtes.
3. Nommez 5 villes de Bretagne.
4. Nommez deux instruments de musique bretons.
5. Comment on dit 'salut' en breton?
6. De quelle couleur est le drapeau breton?
7. Epelez 'crêpe'.
8. Nommez un musicien breton célèbre.
9. Comment s'appellent les célébrations religieuses en Bretagne?
10. Nommez un légume typiquement breton.

3.8
Les nombres
Look at the page numbers in this book. They are written in French.
Copy the following numbers and learn them off by heart.
20, 21, 22, 23, 24, 25, 26, 27, 28, 29, 30, 31, 32, 40, 41, 42, 50, 51, 52, 60, 61, 62, 70, 71, 72, 73, 74, 75, 76, 77, 78, 79, 80, 81, 82 90, 91, 92, 93, 94, 95, 96, 97, 98, 99,100.

3.9
Poésie
Listen to this poem.

Ma Bretagne
La mer bleue
Danse sous un ciel bleu
Sur la colline
Chantent des enfants
En costume noir
Le soleil rouge
Les bateaux blancs
Les clapotis
J'écoute
Et je regarde.

Imagine the scene pictured in this poem. Draw it!

QUATRE
MA FAMILLE

◾ *Sommaire*

RÉVISION:

verbes
pronoms
genre et nombre
chiffres et nombres

COMMUNICATION:

parler de sa famille
décrire la couleur des cheveux / yeux
les métiers

LE FRANÇAIS EN CLASSE:

Vous avez compris?

GRAMMAIRE:

les adjectifs possessifs
la négation

PHONÉTIQUE:

les syllabes

CIVILISATION:

des métiers typiquement français
fêtes et anniversaires en France

◾ *Écoutez!*

4.1

Max: Bonjour! Comment tu t'appelles?

Sophie: Je m'appelle Sophie.

Max: Tu as quel âge?

Sophie: J'ai 12 ans.

Max: Tu as des frères et des soeurs?

Sophie: Oui, j'ai un frère et une soeur.

Max: Ils s'appellent comment?

Sophie: Mon frère s'appelle Charles et ma soeur
                   s'appelle Coralie.

Max: Ils ont quel âge?

Sophie: Mon frère a 20 ans et ma soeur a 18 ans.
                   Et toi, tu as des frères et des soeurs?

Max: Oui, j'ai deux frères mais je n'ai pas
                   de soeurs.

Sophie: Comment s'appellent tes frères?

Max: Mes frères s'appellent Maxime et Laurent.

4.2

Anne:	Qui est-ce?
Guy:	C'est mon père.
Anne:	Qu'est-ce qu'il fait, ton père?
Guy:	Il est policier.
Anne:	Et ta mère, qu'est-ce qu'elle fait?
Guy:	Ma mère est infirmière.
Anne:	Comment s'appelle ton frère?
Guy:	Mon frère s'appelle Frédéric.
Anne:	Et ta soeur, elle s'appelle comment?
Guy:	Ma soeur s'appelle Elodie.

Paris, le 14 novembre

Cher Jarlath,

Je m'appelle Nina. Je suis ta correspondante française. J'habite à Paris. J'ai 13 ans. Ma fête est le 14 janvier et mon anniversaire est le 5 novembre. Je suis blonde et j'ai les yeux bleus. Je suis assez grande. J'aime le basket et la lecture.

Voici ma famille: mon père s'appelle Olivier. Il est mécanicien. Il est grand. Ma mère s'appelle Claude. Elle est femme au foyer. Elle est petite.

J'ai deux frères et une soeur. Mes frères s'appellent Luc et Marc. Luc a 16 ans, il est roux et il a les yeux marron. Marc a 12 ans, il est blond et il a les yeux bleus. Ma soeur s'appelle Elodie. Elle a 8 ans. Elle est rousse et elle a les yeux bleus.

J'ai un chien. Il s'appelle Savate.

Et toi, est-ce que tu as des frères et des soeurs? Est-ce que tu as un chien ou un chat? C'est quand, ton anniversaire? Tu es grand ou petit? Tu as les cheveux et les yeux de quelle couleur?

Ecris-moi vite.

A bientôt!

Nina

Blackrock, le 21 novembre

Chère Nina,

Merci de ta gentille lettre. Je suis ton correspondant irlandais. Je suis brun et j'ai les yeux bleus. J'ai 13 ans. Mon anniversaire est le 29 octobre. Je suis assez grand.

Mon père s'appelle Henry. Il est fonctionnaire. Il est brun et grand. Ma mère s'appelle Aine. Elle est professeur. Elle est brune et assez grande.

J'ai un frère et une soeur. Mon frère s'appelle John. Il a 15 ans. Il est châtain. Il est assez petit. Ma soeur s'appelle Mary. Elle a 10 ans. Elle est petite. Elle est châtain. Elle a les yeux verts.

Nous avons un chien et un chat. Mon chien s'appelle Bruce et mon chat s'appelle Rua.

Mon passe-temps préféré, c'est le football gaélique. J'aime le rugby, le football et la natation. Je n'aime pas la télévision.

Ecris-moi vite.

A bientôt

Jarlath

Ma correspondante

Ma correspondante française s'appelle Nina. Elle habite à Paris. Elle a 13 ans. Sa fête est le 14 janvier et son anniversaire est le 5 novembre. Elle est blonde et elle a les yeux bleus. Elle est assez grande. Elle aime le basket et la lecture.

Voici sa famille: son père s'appelle Olivier. Il est mécanicien. Il est grand. Sa mère s'appelle Claude. Elle est femme au foyer. Elle est petite.

Elle a deux frères et une soeur. Ses frères s'appellent Luc et Marc. Luc a 16 ans, il est roux et il a les yeux marron. Marc a 12 ans, il est blond et il a les yeux bleus. Sa soeur s'appelle Elodie. Elle a 8 ans. Elle est rousse et elle a les yeux bleus.

Nina a un chien. Il s'appelle Savate.

EN FRANÇAIS, S'IL VOUS PLAÎT!

Découvrez Les Règles!

LES ADJECTIFS POSSESSIFS (SEE GRAMMAR SECTION, PAGE 287)

a. How do you say 'my' in French? Why, in your opinion, are there 3 words for 'my' in French?
b. How do you say 'your' in French?
c. How do you say 'his' or 'her' in French?
d. Fill in the following grid and learn it off by heart.

	singulier		pluriel
	masculin	féminin	masculin et féminin
my:	mon	_____	_____
your:	_____	_____	_____
his/her:	_____	_____	_____

LA NÉGATION (SEE GRAMMAR SECTION, PAGE 291)

a. How do you say 'I have a brother' in French?
    How do you say 'I don't have any brothers' in French?
    Compare both sentences.
b. Read over the dialogues and letters and find all the negatives.
c. Complete the following rule and learn it off by heart.

La négation: _____ (1) verbe _____ (2)

LA COULEUR DES CHEVEUX

Read the letters again and find out how you describe hair colour in French.

il est ...

elle est ...

il est ...

elle est ...

est ...

elle est ...

il est ...

elle est ...

Create your own family tree!
You could draw it on a big sheet of paper and add pictures.

MON ARBRE GÉNÉALOGIQUE

(MES GRAND-PARENTS PATERNELS)		(MES GRAND-PARENTS MATERNELS)	
MON GRAND-PÈRE	MA GRAND-MÈRE	MON GRAND-PÈRE	MA GRAND-MÈRE
_____	_____	_____	_____

MON ONCLE	MA TANTE	MON PÈRE	MA MÈRE	MON ONCLE	MA TANTE
_____	_____	_____	_____	_____	_____

MON COUSIN	MA COUSINE	MON FRÈRE	MOI	MA SOEUR	MON COUSIN	MA COUSINE
_____	_____	_____	_____	_____	_____	_____

Devinette: read the clues and guess who it is.
Exemple:
C'est le père de ton frère. Qui est-ce?
C'est mon père.

a. C'est le père de ton frère.
b. C'est la soeur de ta mère.
c. C'est la fille de ton oncle.
d. C'est le père de ta mère.

e. C'est la mère de ton oncle.
f. C'est le frère de ta tante.
g. C'est le fils de tes parents.

Regardez l'arbre généalogique et répondez aux questions.
Exemple:
Comment s'appelle le père d'Alain?
Son père s'appelle Bertrand.

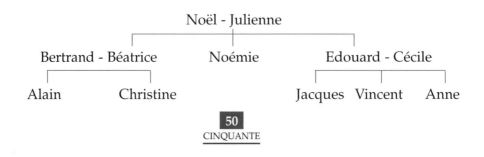

1. Comment s'appelle le père d'Alain?
2. Comment s'appelle le frère de Jacques?
3. Comment s'appelle la mère d'Anne?
4. Comment s'appelle la tante de Jacques?
5. Comment s'appelle la grand-mère de Vincent?
6. Comment s'appelle la cousine d'Alain?
7. Comment s'appelle le père de Noémie?
8. Comment s'appelle le grand-père de Christine?
9. Comment s'appelle l'oncle de Christine?
10. Comment s'appelle la soeur de Vincent?

Faites des phrases.

Look at the pictures and make sentences.

Exemple:

Paul a les yeux bleus. Il est roux. Il est petit.

Paul et Paulette   Frédéric et Frédérique

Stéphane et Stéphanie   Jacques et Jacqueline

 4.4

Ecoutez et completez la grille dans votre cahier.

	Country	Age	Family	Colour of hair	Colour of eyes
André					
Carole					
Rachid					
Marie					

PRÉSENTEZ-VOUS.

Answer the following questions in French.

Comment tu t'appelles?

Tu habites où?

Tu as quel âge?

C'est quand, ton anniversaire?

Tu as des frères et des soeurs?

Ils s'appellent comment?

Ils ont quel âge?

Qu'est-ce qu'il fait, ton père? (Look in the vocabulary section, page 296-7.)

Qu'est-ce qu'elle fait, ta mère?

Tu as des animaux?

Ecrivez le contraire.

Exemple:

Il aime le festival.

Il n'aime pas le festival.

1. Il aime le festival.
2. Je suis français.
3. Tu parles anglais.
4. Je parle allemand.
5. J'habite à Dublin.
6. Ils aiment la Bretagne.
7. Elles sont italiennes.
8. Mon père est policier.
9. J'ai les yeux bleus.
10. Elle est blonde.
11. Je suis petite.
12. Il est roux.

Répondez!

A. **Exemple:**

Tu parles norvégien?

Non, je ne parle pas norvégien.

1. Tu parles italien?
2. Tu as 16 ans?
3. Tu habites à Belfast?
4. Tu aimes les escargots?
5. Tu as cinq frères?
6. Ta mère est secrétaire?
7. Ton père est banquier?
8. Tu as les yeux bleus?
9. Tu es rousse?
10. Tu est petite?

B. **Exemple:**

Tu as un frère?

Non, je **n'**ai **pas de** frère.

11. Tu as un frère?
12. Tu as un chien?
13. Tu as un chat?
14. Tu as des soeurs?
15. Tu as des cousins?
16. Tu as une télévision?
17. Tu as un violon?
18. Tu as un cheval?
19. Tu as des hamsters?
20. Tu as une cousine?

Put the words in the correct order and make a sentence.
Underline the verb in red.
Don't forget to write the first word with a capital letter!

1. français / ne / je / pas / parle
2. n' / elle / pas / est / irlandaise
3. aime / n' / pas / le cidre doux / je
4. pas / n' / je / Irlande / en / habite
5. as / bleus / les / pas / yeux / n' / tu

Décrivez ces familles.
Describe these families as accurately as you can. Mention occupation, colour of hair and eyes. Imagine realistic names, addresses, ages, hobbies.

A.

B.

C.

D.

4.5
Ecoutez et remplissez la grille dans votre cahier.

	name + age of brother(s)	name + age of sister(s)	father's occupation	mother's occupation
Pierre				
Sophie				
Maxime				
Juliette				

4.6

Prononcez bien!

The following words are divided into syllables.

A syllable is a unit of pronounciation. When reading a text aloud in French, try to divide long words into syllables. It will make pronunciation much easier.

Listen and repeat.

1. Co / mment / tu / t'a / ppelles? (Comment tu t'appelles?)
2. Je / m'a / ppelle/ Va / lé / rie. (Je m'appelle Valérie.)
3. J'ha / bite / à / Pa / ris. (J'habite à Paris.)
4. Je / su / is / ta / co/ rres/ pon / dante. (Je suis ta correspondante.)
5. J'a /dore / la / té / lé / vi / si / on. (J'adore la télévision.)
6. Il / s'a / ppelle / co / mment? (Il s'appelle comment?)
7. Je / su / is /ir / lan / dais. (Je suis irlandais.)
8. Je / su/ is /ir/ lan / daise. (Je suis irlandaise.)
9. Mon / an/ ni / ver/ saire (Mon anniversaire)
10. J'ai / un / chat / et / un / chi / en. (J'ai un chat et un chien.)

Jeux de Rôle

1. **A + B are looking at B's family album.**
   A points at a picture and asks who it is.
   B says it's his/her uncle.
   A points at another picture and asks who it is.
   B says it's his/her brother.
   A asks for his name.
   B gives brother's name.
   A asks for his age.
   B says he is 28.
   A asks for his occupation.
   B says he is an engineer.

2. A asks what B's father does.
   B says he is a teacher. B asks what A's father does.
   A says he is unemployed. A says his/her mother is a teacher.
   B says his mother is a housewife. B asks A if he/she has any brothers and sisters.
   A says he/she has two brothers and a sister, Paul (16), Luc (14) and Sophie (4).
   A asks B if he/she has any brothers and sisters.
   B says he/she has one brother André (24), a civil servant, and no sister.
   A asks B if he/she has any pets.
   B has a dog named Rex.

3. A asks B if he/she has any brothers and sisters.
   B answers.
   A asks for their name and age.
   B answers and asks A if he/she has any brothers and sisters.
   A answers.
   B asks A to describe them.
   A answers (height + colour of hair and eyes) and asks what B's parents do.
   B answers and asks what A's parents do.
   A asks if B has any pets.
   B answers and asks if A has any pets.
   A answers.

 Here are three role cards. Pick one and let your partner pick another. Imagine you are these young people. Ask each other questions (name, address, date of birth, age, brothers and sisters, pastimes, pets, parents' occupation).

Nom:	Jean-Baptiste Margot
Adresse:	Lyon
Date de naissance:	19 juillet 1985
Frères et soeurs:	Jacqueline (17), Pierre (15), Marguerite (8)
Animaux:	un chien
Loisirs:	ordinateurs, football
Père:	ouvrier
Mère:	femme au foyer

Nom:	Agnès Duval
Adresse:	Metz
Date de naissance:	27 février 1986
Frères et soeurs:	-
Animaux:	un chien, un chat, un poisson rouge, un hamster
Loisirs:	cinéma, sport, lecture
Père:	chômeur
Mère:	secrétaire

Nom:	Paul(e) Delabarre
Adresse:	Toulouse
Date de naissance:	12 mai 1984
Frères et soeurs:	Julien (22), Catherine (20), Pascal (18), Laurent (16)
	Céline (9), Sébastien (6)
Animaux:	un chat
Loisirs:	football, basket, lecture, ordinateurs
Père:	agriculteur
Mère:	infirmière

Parlez de votre famille!

Bring some pictures of your family (grand-parents, parents, uncles, aunts, cousins) and introduce them to your partner. En Français, s'il vous plaît!

LES FÊTES ET LES ANNIVERSAIRES

Joyeux anniversaire!   JOYEUSE FETE!

2e SEMESTRE 1995

JUILLET — 3 h 53 à 19 h 56

Jour		Saint	Sem.
1	S	S.Thierry	
2	D	S.Martinien	
3	L	S.Thomas	27
4	M	S.Florent	
5	M	S.Antoine)	
6	J	Sᵉ Mariette	
7	V	S.Raoul	
8	S	S.Thibaut	
9	D	Sᵉ Amandine	
10	L	S.Ulrich	28
11	M	S.Benoit	
12	M	S.Olivier	
13	J	S.Henri,Joël	
14	V	F.NATIONALE	
15	S	S.Donald	
16	D	N.-D.Mt.Carmel	
17	L	Sᵉ Charlotte	29
18	M	S.Frédéric	
19	M	S.Arsène (	
20	J	Semaria	
21	V	S.Victor	
22	S	Sᵉ M.-Madeleine	
23	D	S.Brigitte	
24	L	Sᵉ Christine	30
25	M	S.Jacques	
26	M	SS.Anne,Joachim	
27	J	Sᵉ Nathalie	
28	V	S.Samson	
29	S	Sᵉ Marthe	
30	D	Sᵉ Juliette	
31	L	S.Ignace de L.	31

AOÛT — 4 h 25 à 19 h 28

Jour		Saint	Sem.
1	M	S.Alphonse	
2	M	S.Julien-Eymard	
3	J	Sᵉ Lydie	
4	V	S.J.-M.Vianney)	
5	S	S.Abel	
6	D	Transfiguration	
7	L	S.Gaétan	32
8	M	S.Dominique	
9	M	S.Amour	
10	J	S.Laurent	
11	V	Sᵉ Claire	
12	S	Sᵉ Clarisse	
13	D	S.Hippolyte	
14	L	S.Evrard	33
15	M	ASSOMPTION	
16	M	S.Armel	
17	J	S.Hyacinthe	
18	V	Sᵉ Hélène (	
19	S	S.Jean-eudes	
20	D	S.Bernard	
21	L	S.Christophe	34
22	M	S.Fabrice	
23	M	Sᵉ Rose de Lima	
24	J	S.Barthélémy	
25	V	S.Louis	
26	S	Sᵉ Natacha	
27	D	Sᵉ Monique	
28	L	S.Augustin	35
29	M	Sᵉ Sabine	
30	M	S.Fiacre	
31	J	S.Aristide	

SEPTEMBRE — 5 h 08 à 18 h 33

Jour		Saint	Sem.
1	V	S.Gilles	
2	S	Sᵉ Ingrid)	
3	D	S.Grégoire	
4	L	Sᵉ Rosalie	36
5	M	Sᵉ Raïssa	
6	M	S.Bertrand	
7	J	Sᵉ Reine	
8	V	Nativité N.-D.	
9	S	S.Alain	
10	D	Sᵉ Inès	
11	L	Sᵉ Adelphe	37
12	M	S.Apollinaire	
13	M	S.Aimé	
14	J	La Sainte-Croix	
15	V	S.Roland	
16	S	Sᵉ Edith (	
17	D	S.Renaud	
18	L	Sᵉ Nadège	38
19	M	Sᵉ Emilie	
20	M	S.Davy	
21	J	S.Matthieu	
22	V	S.Maurice	
23	S	AUTOMNE	
24	D	Sᵉ Thècle	
25	L	S.Hermann	39
26	M	SS.Côme,Damien	
27	M	S.Vincent de Paul	
28	J	S.Venceslas	
29	V	SS.Michel	
30	S	S.Jérôme	

OCTOBRE — 5 h 51 à 17 h 29

Jour		Saint	Sem.
1	D	Sᵉ Th.de l'E.-J.)	
2	L	S.Léger	40
3	M	S.Gérard	
4	M	S.Fr.d'Assise	
5	J	Sᵉ Fleur	
6	V	S.Bruno	
7	S	S.Serge	
8	D	Sᵉ Pélagie ☽	
9	L	S.Denis	41
10	M	S.Ghislain	
11	M	S.Firmin	
12	J	S.Wilfried	
13	V	S.Géraud	
14	S	S.Juste	
15	D	Sᵉ Th.d'Avila	
16	L	Sᵉ Edwige (	
17	M	Sᵉ Baudouin	42
18	M	S.Luc	
19	J	S.Rene	
20	V	Sᵉ Adeline	
21	S	Sᵉ Céline	
22	D	Sᵉ Elodie	
23	L	S.Jean de C.	43
24	M	S.Florentin	
25	M	S.Crépin	
26	J	S.Dimitri	
27	V	Sᵉ Emeline	
28	S	SS.Simon,Jude	
29	D	S.Narcisse	
30	L	Sᵉ Bienvenue)	
31	M	S.Quentin	44

NOVEMBRE — 6 h 51 à 17 h 29

Jour		Saint	Sem.
1	M	TOUSSAINT	
2	J	Défunts	
3	V	S.Hubert	
4	S	S.Charles	
5	D	Sᵉ Sylvie	
6	L	Sᵉ Bertille	45
7	M	Sᵉ Carine	
8	M	S.Geoffroy	
9	J	S.Théodore	
10	V	S.Léon	
11	S	ARMISTICE 1918	
12	D	S.Christian	
13	L	S.Brice	46
14	M	S.Sidoine	
15	M	S.Albert (	
16	J	Sᵉ Marguerite	
17	V	Sᵉ Elisabeth	
18	S	Sᵉ Aude	
19	D	S.Tanguy	
20	L	S.Edmond	47
21	M	Prés.Marie	
22	M	Sᵉ Cécile	
23	J	S.Clément	
24	V	Sᵉ Flora	
25	S	Sᵉ Catherine L.	
26	D	S.Delphine	
27	L	S.Séverin	48
28	M	S.Jacques de la M.	
29	M	S.Saturin	
30	J	S.André	

DÉCEMBRE — 7 h 24 à 15 h 55

Jour		Saint	Sem.
1	V	Sᵉ Florence	
2	S	Sᵉ Viviane	
3	D	Avent	
4	L	Sᵉ Barbara	49
5	M	S.Gérald	
6	M	S.Nicolas	
7	J	S.Ambroise	
8	V	Imm.Conception	
9	S	S.Pierre-Fourier	
10	D	S.Romaric	
11	L	S.Daniel	50
12	M	Sᵉ SeJ.F.Chantal	
13	M	Sᵉ Lucie	
14	J	Sᵉ Odile	
15	V	Sᵉ Ninon	
16	S	Sᵉ Alice	
17	D	S.Gaël	
18	L	S.Gatien	51
19	M	S.Urbain	
20	M	S.Abraham	
21	J	S.Pierre C.	
22	V	HIVER ☽	
23	S	S.Armand	
24	D	Sᵉ Adèle	
25	L	NOEL	52
26	M	S.Etienne	
27	M	S.Jean	
28	J	SS.Innocents	
29	V	S.David	
30	S	S.Roger	
31	D	S.Sylvestre	

1er SEMESTRE 1996

JANVIER — 7 h 46 à 16 h 02

Jour		Saint	Sem.
1	L	JOUR DE L'AN	1
2	M	S.Basile	
3	M	Sᵉ Geneviève	
4	J	S.Odilon	
5	V	S.Edouard	
6	S	Sᵉ Mélaine	
7	D	Epiphanie	
8	L	S.Lucien	2
9	M	Sᵉ Alix	
10	M	S.Guillaume	
11	J	S.Paulin	
12	V	Sᵉ Tatiana	
13	S	Sᵉ Yvette (	
14	D	S.Nina	
15	L	S.Rémi	3
16	M	S.Marcel	
17	M	Sᵉ Roseline	
18	J	Sᵉ Prisca	
19	V	S.Marius	
20	S	S.Sébastien	
21	D	Sᵉ Agnès	
22	L	S.Vincent	4
23	M	S.Barnard	
24	M	S.Fr.De Sales	
25	J	Conv.S.Paul	
26	V	Sᵉ Paule	
27	S	Sᵉ Angèle ☽	
28	D	S.Th.d'Aquin	
29	L	S.Gildas	5
30	M	Sᵉ Martine	
31	M	Sᵉ Marcelle	

FÉVRIER — 7 h 23 à 16 h46

Jour		Saint	Sem.
1	J	Sᵉ Ella	
2	V	Présentation	
3	S	S.Blaise	
4	D	Sᵉ Véronique	
5	L	Sᵉ Agathe	6
6	M	S.Gaston	
7	M	Sᵉ Eugénie	
8	J	Sᵉ Jacqueline	
9	V	Sᵉ Apolline	
10	S	S.Arnaud	
11	D	N.D.Lourdes	
12	L	S.Félix	7
13	M	Sᵉ Béatrice	
14	M	S.Valentin	
15	J	S.Claude	
16	V	Sᵉ Julienne	
17	S	S.Alexis	
18	D	Sᵉ Bernadette	
19	L	S.Gabin	8
20	M	Mardi-Gras	
21	M	Cendres	
22	J	Sᵉ Isabelle	
23	V	S.Lazare	
24	S	S.Modeste	
25	D	Carême	
26	L	S.Nestor	9
27	M	Sᵉ Honorine	
28	M	S.Romain	
29	J	S.Auguste	

MARS — 6 h 34 à 17 h 33

Jour		Saint	Sem.
1	V	S.Aubin	
2	S	S.Charles le Bon	
3	D	S.Guénolé	
4	L	S.Casimir	10
5	M	S.Olive	
6	M	Sᵉ Colette	
7	J	Sᵉ Félicité	
8	V	S.Jean de Dieu	
9	S	Sᵉ Françoise	
10	D	S.Vivien	
11	L	Sᵉ Rosine	11
12	M	Sᵉ Justine (	
13	M	S.Rodrigue	
14	J	Sᵉ Mathilde	
15	V	Sᵉ Louise	
16	S	Sᵉ Bénédicte	
17	D	S.Patrice	
18	L	S.Cyrille	12
19	M	S.Joseph ☽	
20	M	PRINTEMPS	
21	J	Sᵉ Clémence	
22	V	Sᵉ Léa	
23	S	S.Victorien	
24	D	Sᵉ Cath.de Suède	
25	L	Annonciation	13
26	M	Sᵉ Larissa	
27	M	S.Habib	
28	J	S.Gontran	
29	V	Sᵉ Gwladys	
30	S	Sᵉ Amédée	
31	D	Rameaux	

AVRIL — 5 h 29 à 18 h 20

Jour		Saint	Sem.
1	L	S.Hughes	14
2	M	Sᵉ Sandrine	
3	M	S.Richard	
4	J	S.Isidore	
5	V	Sᵉ Irène	
6	S	S.Marcellin	
7	D	PÂQUES	
8	L	Sᵉ Julie	15
9	M	S.Gautier	
10	M	S.Fulbert	
11	J	S.Stanislas	
12	V	S.Jules	
13	S	Sᵉ Ida	
14	D	S.Maxime	
15	L	S.Paterne	16
16	M	S.Benoit-Joseph	
17	M	S.Anicet	
18	J	S.Parfait	
19	V	Sᵉ Emma	
20	S	Sᵉ Odette	
21	D	S.Anselme	
22	L	S.Alexandre	17
23	M	S.Georges	
24	M	S.Fidèle	
25	J	S.Marc)	
26	V	Sᵉ Alida	
27	S	Sᵉ Zita	
28	D	Jour de Souvenir	
29	L	Sᵉ Cath.De Si	18
30	M	S.Robert	

MAI — 4 h 32 à 19 h 05

Jour		Saint	Sem.
1	M	F.DU TRAVAIL	
2	J	S.Boris	
3	V	SS Phil, Jacques ☽	
4	S	S.Sylvain	
5	D	Sᵉ Judith	
6	L	Sᵉ Prudence	19
7	M	Sᵉ Gisèle	
8	M	VICTOIRE 1945	
9	J	S.Pacôme	
10	V	Sᵉ Solange	
11	S	Sᵉ Estelle	
12	D	F.Jeanne d'Arc	
13	L	Sᵉ Rolande	20
14	M	S.Matthias	
15	M	Sᵉ Denise	
16	J	S.Honoré	
17	V	S.Pascal	
18	S	S.Eric	
19	D	S.Yves	
20	L	S.Bernardin	21
21	M	S.Constantin	
22	M	S.Emile	
23	J	S.Didier	
24	V	S.Donatien	
25	S	Sᵉ Sophie	
26	D	PENTECOTE	
27	L	S.Augustin	22
28	M	S.Germain	
29	M	S.Aymar	
30	J	S.Ferdinand	
31	V	Visitation	

JUIN — 3 h 53 à 19 h 44

Jour		Saint	Sem.
1	S	S.Justin	
2	D	Fête des Mères	
3	L	S.Kévin	23
4	M	Sᵉ Clotilde	
5	M	S.Igor	
6	J	S.Norbert	
7	V	S.Gilbert	
8	S	S.Médard	
9	D	Fête-Dieu	
10	L	Sᵉ Landry	24
11	M	S.Barnabé	
12	M	S.Guy	
13	J	S.Antoine de P	
14	V	S.Elisée	
15	S	Sᵉ Germaine	
16	D	S.J.F.Régis	
17	L	S.Hervé	25
18	M	S.Léonce	
19	M	S.Romuald	
20	J	S.Silvère	
21	V	ÉTÉ	
22	S	S.Alban	
23	D	Sᵉ Audrey	
24	L	S.Jean-Baptiste	26
25	M	S.Prosper	
26	M	S.Anthelme	
27	J	S.Fernand	
28	V	Sᵉ Irénée	
29	S	SS.Pierre, Paul	
30	D	S.Martial	

For some French children, the feastday of the saint they were named after is as important as their birthday. In certain regions, the feastday gives rise to an even bigger celebration than the actual birthday.

C'est quand ta fête?

Find your feastday in the calendar.

Find the feastday of Lucie, Kevin, Catherine, Roger, Nicole, Pierre, Brigitte, Clarisse, Dominique, Patrick, Sylvie.

Exemple:

Monique: sa fête est le 27 août.

4.7

Ecoutez et chantez!
Joyeux anniversaire!
Joyeux anniversaire!
Joyeux anniversaire André!
Tous nos voeux de bonheur!

Calculez!

50 + 5 =	32 - 2 =	100 - 9 =
73 + 7 =	94 + 6 =	60 + 11 =
44 + 44 =	24 + 24 =	57 + 13 =

4.8

Ecoutez puis complétez la lettre dans votre cahier.

Paris, le 12 janvier

_____ (1) Monique,

Je suis _____ (2) nouveau correspondant. Je m'appelle François et j'_____ (3) à Paris.
Je _____ (4) assez grand. J'ai les _____ (5) bleus et je _____ (6) brun. J'ai 12 _____ (7).
Mon _____ (8) est le 27 octobre.

_____ (9) père s'appelle Laurent et ma _____ (10) s'appelle Marianne. J'ai une soeur
et un _____ (11). Ma soeur _____ (12) Carine et _____ (13) frère s'appelle Luc.
Nous _____ (14) un chat et un chien à la maison. _____ (15) chien s'appelle Médor et
_____ (16) chat s'appelle Minou.
Et toi? Tu as des _____ (17) et des soeurs? Tu _____ (18) des animaux?
Ecris-moi vite!

A bientôt
François

4.9

Dictée: écoutez attentivement et écrivez.
Don't forget the question marks!

Ecrivez une lettre!
Write a letter to your French penpal including the following:
– thank him/her for the letter you received
– describe yourself and your family
– mention your parents' occupation
– pets
– hobbies
– tell him/her to write soon
– ending

boulanger

Le boulanger (ou la boulangère) prépare les baguettes et les croissants. Les Parisiens consomment 5 millions de baguettes et 4 millions de croissants tous les matins!

concierge

Beaucoup de Français habitent dans des immeubles. En France, il y a un concierge dans tous les immeubles. Le/la concierge habite dans l'immeuble. Il/elle surveille l'immeuble.

cafetier

Les Français adorent le café ou 'petit noir'. Dans un café, le petit déjeuner consiste généralement d'un café et d'un ou deux croissants.

vigneron

Le vigneron cultive la vigne et prépare le vin. Il récolte le raisin en septembre ou en octobre.
Les grands vins français sont le Bordeaux, le Bourgogne, le Côte du Rhône et le Champagne.

oenologue

L'oenologue goûte le vin. Il/elle apprécie la couleur, l'odeur et le goût.

gendarme

La gendarmerie assure la sécurité dans les campagnes et les villes. La police opère dans les villes.

Answer the following questions.

1. How many baguettes and croissants do the Parisians consume every morning?
2. List two ways to say 'coffee' in French. What is a typically French breakfast in a café?
3. According to the text, what is a popular type of accommodation in France? What does a 'concierge' do?
4. In which month are the grapes usually harvested? Name 4 of the great French wines.
5. What does the 'ocnologue' look for when tasting the wine?
6. What is the difference between 'gendarmerie' and 'police'?
7. Can you think of any typically Irish professions?

CINQ

MA MAISON

◼ Sommaire

RÉVISION:

adjectifs possessifs
genre et nombre

COMMUNICATION:

parler de sa maison
décrire les meubles / objets
situer dans l'espace
le travail à la maison

LE FRANÇAIS EN CLASSE:

Est-ce que je peux sortir?

GRAMMAIRE:

l'interrogation

PHONÉTIQUE:

opposition u / ou

CIVILISATION:

le logement en France
l'architecture en France
ville et campagne

◼ Regardez!

A LA CAMPAGNE

Une chaumière en Normandie.

Un mas en Provence.

Une maison en Alsace.

Un chalet en Savoie.

Une maison en Bretagne.

Une ferme du Limousin.

EN VILLE

Des maisons de mineurs dans le nord de la France.

Un pavillon dans la banlieue de Bordeaux.

Des immeubles modernes à Créteil, dans la banlieue de Paris.

Un immeuble ancien à Paris.

Un H.LM à Lyon.

Compare the different types of housing: location; construction materials; size of doors; size of windows; shape of roof.

 ### Ecoutez!

5.1

Rémy:	Qui est-ce?
Patricia:	C'est mon frère.
Rémy:	Comment il s'appelle?
Patricia:	Il s'appelle Marc.
Rémy:	C'est quand, son anniversaire?
Patricia:	C'est le 2 mars.
Rémy:	Et là, qu'est-ce que c'est?
Patricia:	C'est sa maison.
Rémy:	Il habite où?
Patricia:	Il habite à Montpellier.

5.2

Pierre:	Tu habites en ville ou à la campagne?
Julie:	J'habite en ville.
Pierre:	Est-ce que tu habites dans une maison ou dans un immeuble?
Julie:	J'habite dans une maison.
Pierre:	C'est grand ou petit, chez toi?
Julie:	Ma maison est assez grande.
Pierre:	Il y a combien de pièces?
Julie:	Chez moi, il y a trois chambres, un salon, une salle à manger, une cuisine et une salle de bains.
Pierre:	Il y a un jardin?
Julie:	Oui, il y a un jardin devant et derrière la maison.
Pierre:	Est-ce qu'il y a un garage?
Julie:	Non, il n'y a pas de garage.
Pierre:	Est-ce que c'est ancien ou moderne?
Julie:	C'est moderne.

5.3

Florence:	Tu habites où?
Pascal:	J'habite en ville, dans un immeuble.
Florence:	C'est grand ou c'est petit?
Pascal:	Mon appartement est assez petit. Il y a deux chambres, une salle à manger, une cuisine et une salle de bains.
Florence:	Est-ce que c'est clair ou sombre?
Pascal:	C'est clair.

Je m'appelle Michèle. J'habite à Chavannes, au sud de Paris. C'est à la campagne. J'ai trois frères et deux soeurs. Mon chat s'appelle Minou.

Ma maison est grande. Au rez-de-chaussée, il y a un salon, un séjour, une salle à manger, une chambre, une cuisine et une salle de bains. Au premier étage, il y a quatre chambres, une salle de bains et des toilettes.

Chez moi, il y a un sous-sol et un grenier. Il y a aussi un jardin devant et derrière la maison. Il n' y a pas de garage.

■ *Découvrez Les Règles!*

PHRASES INTERROGATIVES (SEE GRAMMAR SECTION, PAGE 287-88)

Read dialogue 5.2 again.

How many questions does Pierre ask Julie?

Find two ways to formulate the same question in French.

What is an interrogative word? Find examples in English.

Read the dialogue 5.1 again and find 5 interrogative words.

Find a sixth interrogative word in dialogue 5.2.

EN FRANÇAIS, S'IL VOUS PLAÎT!

Est-ce que je peux sortir, s'il vous plaît?

Je peux aller aux toilettes, s'il vous plaît?

ADJECTIFS

Read dialogues 5.1 and 5.2. Find 6 adjectives
which describe the house.

VERBES ET NOMS

Read over passage 5.4.
Write the verbs and the nouns in
your copy, in two separate columns.

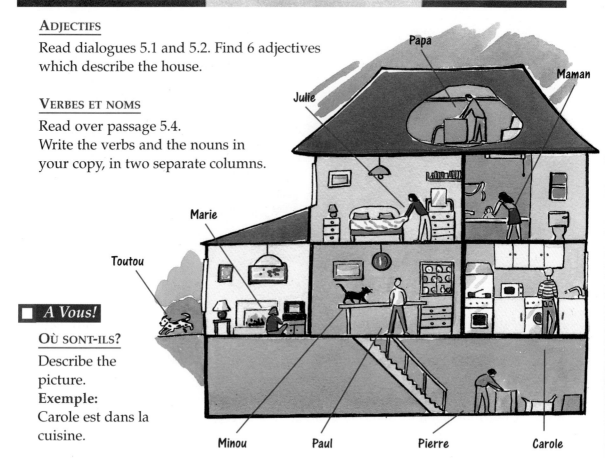

■ **A Vous!**

OÙ SONT-ILS?

Describe the
picture.
Exemple:
Carole est dans la
cuisine.

5.5
Ecoutez et remplissez la grille dans votre cahier.

	type of housing	number of rooms	description given
Sophie			
Pierre			
Luc			
Carole			

Ask the question in a different way.

1. **Exemple:**
   Il s'appelle Marc?   **Est-ce qu'il s'appelle Marc?**

   a. Tu parles français?   e. Tu aimes le karaté?
   b. Il s'appelle Pascal?   f. C'est grand?
   c. Vous aimez les crêpes?   g. Il y a un salon?
   d. Tu habites en Irlande?   h. Elle habite dans un immeuble?

2. **Exemples:**

Tu aimes le cinéma?   **Est-ce que tu aimes le cinéma?**
Est-ce qu'elle est française?   **Elle est française?**

a. Il aime la France?   e. Est-ce qu'il y a un jardin, chez toi?
b. Est-ce que tu habites à   f. Est-ce que c'est moderne?
     la campagne?   g. Elles aiment le football?
c. Est-ce que vous êtes irlandais?   h. Tu habites dans une maison ou
d. Tu aimes ta maison?   un immeuble?

Find the questions which have the following answers.
Exemple:
Comment ça va?   Ça va bien, merci.

a. _____? Je m'appelle Sophie.   i. _____? J'habite dans une maison.
b. _____? J'ai 13 ans.   j. _____? Il y a 5 pièces.
c. _____? C'est le 2 mars.   k. _____? C'est assez grand.
d. _____? Je suis française.   l. _____? Oui, c'est clair.
e. _____? Oui, j'ai un frère et deux soeurs.   m. _____? C'est ancien.
f. _____? Ma mère est docteur.   n. _____? C'est mon chien.
g. _____? Mon père est professeur.   o. _____? Il s'appelle Dizi.
h. _____? J'habite à la campagne.   p. _____? Oui, j'adore le football!

5.6

Listen to the conversation between Pauline and Jacques and answer the following questions. Read the questions carefully before listening to the tape!
1. How old is Pauline?
2. How old is Jacques?
3. Does Pauline have any brothers and sisters?
4. Does Jacques live in the country or in town?
5. How many bedrooms are there?
6. Is Pauline's house old or new?
7. What can be found in her living-room?
8. Is the garden in front of or behind the house?

Décrivez votre maison

Draw a plan of your house and write the name of each room.

     Now ask your partner to describe his/her house. (Model your questions and answers on dialogue 5.2.)

     Take notes and give a detailed description of your partner's house to the class.

LES MEUBLES ET LES OBJETS

1. un lit
2. une couette
3. une armoire
4. un poster
5. un bureau
6. une lampe
7. une table
8. une chaise
9. un frigo
10. une cuisinière
11. une étagère
12. une douche
13. une baignoire
14. un canapé
15. un fauteuil
16. une télévision
17. un téléphone

 Look at the picture and describe what each room contains.
Exemple:
Qu'est-ce qu'il y a dans la chambre?
Dans la chambre, il y a un lit, une couette ...

Describe the contents of your house.
Exemple:
Qu'est-ce qu'il y a dans ta chambre?
Dans mon salon, il y a une télévision, un canapé ...

Trouvez 9 meubles ou objets.

M	O	B	T	A	B	L	E	M
C	O	U	E	T	T	E	T	E
H	A	R	M	O	I	R	E	T
A	S	E	T	A	G	E	R	E
I	L	A	M	P	E	Z	O	M
S	I	U	F	R	I	G	O	T
E	T	A	P	O	N	E	R	E

MA CHAMBRE

Qu'est-ce qu'il y a dans la chambre?

a. A gauche, il y a   un ordinateur.
b. Sur la table, il y a   un ballon.
c. Sous la chaise, il y a   une fenêtre.
d. Devant Paul, il y a   un chat.
e. Derrière Paul, il y a   une porte.
f. A droite, il y a   une lampe.

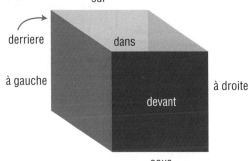

5. 7

Prononcez bien!

Listen and say whether you hear **sur** or **sous**.

	1.	2.	3.	4.	5.	6.	7.	8.	9.	10.	11.	12.
sur												
sous												

'QUAND LE CHAT N'EST PAS LÀ, LES SOURIS DANSENT!'

Où sont les souris?

Draw your room. Then ask your partner to describe his/her own room.

5. 8

Dictée: écoutez et écrivez.

DESSINEZ!

Read Marie's letter and draw a plan of her house according to her description.

Domfront, le 4 mai

Salut!

Je me présente: j'ai 13 ans, mon anniversaire est le 6 juillet. Je suis assez grande, brune et j'ai les yeux bleus. J'ai une soeur et deux frères. Mon père est électricien et ma mère est infirmière. Mon chien s'appelle Max.

J'habite en Normandie, à la campagne. Ma maison est assez grande. C'est ancien. Au rez-de-chaussée, il y a une cuisine, un salon, une salle à manger, un chambre, des toilettes et une salle de bains. Au premier étage, il y a quatre chambres et une salle de bains. Chez moi, il y a un grenier. Le jardin est grand.

Dans ma chambre, il y a un lit, une lampe, un bureau, une armoire et des posters.

J'aime le football, le basket et la lecture.

Et toi, tu habites où? C'est grand? Tu as des frères et des soeurs? Tu as des animaux? Qu'est-ce que tu aimes?

Ecris-moi vite!

A bientôt

Marie

 Now write a reply to Marie's letter.

QU'EST-CE QUE TU FAIS À LA MAISON?

Je fais la vaisselle.

Je fais la lessive.

Je fais la cuisine.

Je fais mon lit.

ET TOI, QU'EST-CE QUE TU FAIS À LA MAISON?

Write 5 jobs you do at home.
Now ask your partner.

5.9

Ecoutez.

What do they do at home? Draw the grid in your copybook then tick the appropriate box.

	shopping	ironing	cooking	washing	dishes	making beds	tidying	gardening
Pierre								
Marie								
Maxime								
Julie								

QUI FAIT QUOI?

Carry out a survey in the class to find out who does the most housework. Before starting, read the following instructions very carefully and make sure you understand them.

Step1. Write in your copy:
a. what you do;
b. what your father does;
c. what your mother does.

Exemple:

Moi, je fais le lit. Je fais le repassage.
Mon père fait la lessive et il fait la cuisine.
Ma mère fait les courses.

Step 2. Form groups of four and appoint one group leader. The group leader asks the group members individually.

Exemples:

Qu'est-ce que tu fais, à la maison?

Je fais ...

Qu'est-ce qu'il fait, ton père?

Il fait ...

Qu'est-ce qu'elle fait, ta mère?

Elle fait ...

Then a group member writes the answers in a grid.

	Sean/père/mère	Mairead/père/mère	Jo/père/mère	James/père/mère
la lessive				
la vaisselle				
les courses				
le jardinage				
les lits				
le repassage				
la cuisine				
le ménage				

The group then summarises the overall result.

Exemple:

Dans le groupe, 2 garçons, 2 filles, 1 père et 2 mères font la lessive.

Step 3. Each group leader reports the results to the class.

Exemple:

Teacher: Dans ton groupe, qui fait la lessive?

Group leader: Dans mon groupe, 2 garçons, 1 fille, 2 pères et 2 mères font
               la lessive.

Teacher: Dans ton groupe, qui fait la vaisselle?

Group leader: Dans mon groupe, ...

A pupil then writes the overall results on the board.

Step 4. Discuss the overall results.

Do boys and girls in your class do a lot of housework?

Who does the most work? Boys or girls? Fathers or mothers?

Why, in your opinion?

Sommaire

RÉVISION

verbes réguliers (-er)
verbes irréguliers (aller)

COMMUNICATION

parler de son village/sa ville
les directions
situer dans l'espace

LE FRANÇAIS EN CLASSE

Vous pouvez expliquer cette phrase?

GRAMMAIRE

à + article défini
aller

PHONÉTIQUE

les voyelles nasales (in/on/en)

CIVILISATION

villes et villages en France
la vallée de la Loire

Ecoutez!

6.1

Salut!

Je m'appelle Sylvain. Je suis français. J'ai 12 ans. J'ai 3 frères et deux soeurs. J'ai aussi un chien. Il s'appelle Rolo. Mon père s'appelle Richard, il est électricien. Ma mère s'appelle Edwige. Elle est femme au foyer (elle travaille à la maison).

Je collectionne les timbres et j'aime le sport et la lecture.

J'habite dans une petite ville. Voici un dessin: c'est le marché. Sur la droite, il y a le café. Sur la gauche, il y a la mairie avec son drapeau tricolore et sa devise Liberté-Egalité-Fraternité. Derrière la mairie, il y a le cinéma et la piscine. Tout droit, il y a l'église.

J'aime bien ma ville. Le week-end, ma mère va au marché et je vais au cinéma, à la piscine ou à la MJC. Le dimanche, nous allons au restaurant. Et toi, tu vas où le week-end?

Parle-moi de ta famille, de ta maison et de ton village ou de ta ville. Ecris-moi vite!

à bientôt!

Sylvain

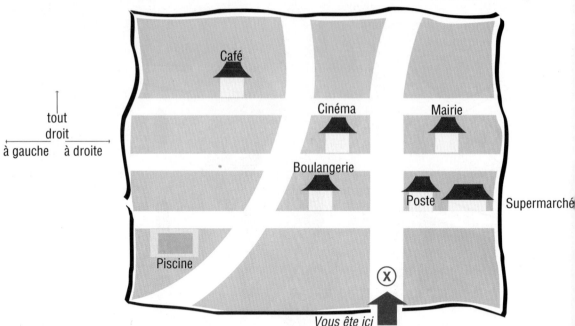

tout
droit
à gauche   à droite

Vous êtes ici

6.2

Madame Dutour: Excuse-moi, où est la poste, s'il te plaît?

Pierre: La poste? C'est simple! Vous continuez tout droit et vous prenez la première rue à droite. La poste est sur la gauche.

Madame Dutour: Alors ... je continue tout droit et je prends la première rue à droite. C'est sur la gauche?

Pierre: Oui, c'est ça.

Madame Dutour: Merci bien!

Pierre: De rien!

6.3

Pauline: Excusez-moi, où est le cinéma, s'il vous plaît?

Monsieur Loti: C'est simple! Tu continues tout droit et tu prends la deuxième rue à gauche. C'est sur la droite.

Pauline: Alors ... Je continue tout droit et je prends la deuxième rue à gauche, le cinéma est sur la droite?

Monsieur Loti: Oui, c'est ça.

Pauline: Merci!

Monsieur Loti: De rien!

6.4

Sylvie: Pardon, il y a un supermarché près d'ici?

Nicolas: Oui, c'est simple! Tu tournes à droite et tu vas tout droit. Le supermarché est sur la gauche.

Sylvie:	Je tourne à droite, je vais tout droit et c'est sur la gauche?
Nicolas:	C'est ça.
Sylvie:	Merci!
Nicolas:	De rien!

6.5

Monsieur Raoul:	Pardon, est-ce qu'il y a un café près d'ici?
Laurence:	Oui, vous allez tout droit et vous prenez la troisième rue à gauche. Vous traversez le boulevard et c'est sur la droite.
Monsieur Raoul:	Alors ... je vais tout droit. Je prends la troisième rue à gauche, je traverse le boulevard et c'est sur la gauche?
Laurence:	Non, le café est sur la droite.
Monsieur Raoul:	Ah, sur la droite ... merci bien!
Laurence:	De rien!

EN FRANÇAIS, S'IL VOUS PLAÎT!

Pardon, je ne comprends pas. Vous pouvez expliquer cette phrase s'il vous plaît?

Découvrez Les Règles!

LES VERBES RÉGULIERS DU PREMIER GROUPE

How many regular verbs (-**er** ending) do you know? Find regular - **er** verbs in Sylvain's letter.

Conjugate the following regular -er verbs.

continuer	**tourner**	**traverser**
je ...	je ...	je ...
tu ...	tu ...	tu ...
il/elle ...	il/elle ...	il/elle ...
nous ...	nous ...	nous ...
vous ...	vous ...	vous ...
ils/elles ...	ils/elles ...	ils/elles ...

Les verbes irréguliers (aller)

How many irregular verbs do you know in French?

Aller is an irregular verb and is most important as it is used very often. Like **être** and **avoir**, it has to be learned off by heart. Although it is irregular, the 1st and 2nd person plural follow the pattern of regular - **er** verbs.

Conjugate **aller**.

aller

je	_____
tu	_____
il/elle	va
nous	_____
vous	_____
ils/elles	vont

À + definite article

Read Sylvain's letter again and find out how to say:

I go	to the	cinema.
I go	to the	restaurant.
I go	to the	swimming pool.
I go	to the	youth club.

How many ways are there in French to say 'to the'?

Tu et Vous

In each of the dialogues (6.2 - 6.5), find out who is speaking (adults or young people).

Find two ways to say 'excuse me' and 'please' in French. Why are there two ways?

Les directions

How do you ask for directions in French?
How do you give directions in French?
Find 3 verbs used for giving directions.

■ *A Vous!*

Villes et villages de France

6.6

Listen carefully to Christophe, Sabine, Fabrice, Natacha and Antoine describing their town or village. Write down at least three places mentioned by each of them.

	town/village	region in France	shops/buildings
Christophe			
Sabine			
Fabrice			
Natacha			
Antoine			

Now match each young person with one of the pictures.

A

B

C

D

E

MASCULIN OU FÉMININ?

Classify the following words according to their gender (masculine or feminine).

MASCULIN (un/le/l')
le boulevard

FEMININ (une/la/l')
la rue

rue - boulevard - avenue - camping - auberge de jeunesse - stade - hôtel - librairie - bibliothèque - marché - église - mairie - parking - gendarmerie - pharmacie - boulangerie - gare - poste - cinéma - école - piscine - théâtre - musée - station-service

ILS VONT OÙ?

Make a sentence as shown in the example. Use the verb **aller!**

Exemple:

Je/musée.

Je vais au musée.

1. Je/théâtre.
2. Mon frère/école.
3. Ma soeur/piscine.
4. Tu/banque.
5. Vous/hôtel.
6. Mes parents/restaurant.
7. Nous/boulangerie.
8. Elles/cinéma.
9. Je/poste.
10. Il/mairie.
11. Mon père/station-service.
12. Mon frère/stade.
13. Je/église.
14. Tu/café.

LES DIRECTIONS

Trouvez la destination!

6.7

Listen to the directions and look at the map. Find out where each person is going and how they get there.

Listen to the tape and write the answer given for each question in your copy.

1. Excusez-moi, Madame, où est le cinéma, s'il vous plaît?
2. Pardon, il y a une poste près d'ici?
3. Excuse-moi, où est la mairie, s'il te plaît?
4. Pardon, où est la MJC, s'il te plaît?
5. Excusez-moi, il y a un musée, près d'ici?

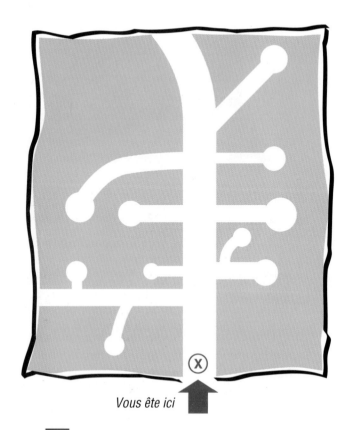

Vous ête ici

a. **Read the answers and follow the instructions on the map.**
   Then find the appropriate question for the answer.

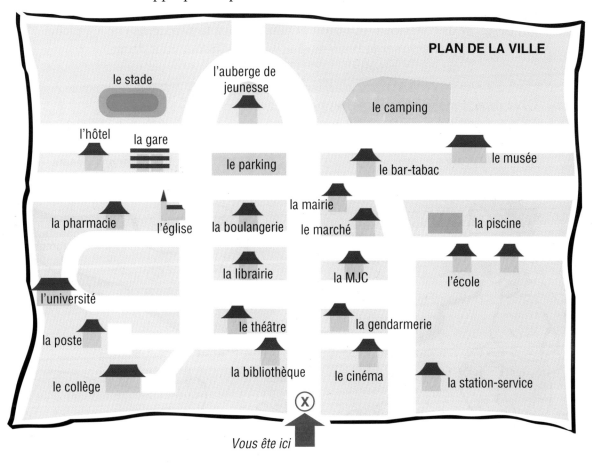

PLAN DE LA VILLE

le stade

l'auberge de jeunesse

le camping

l'hôtel

la gare

le parking

le bar-tabac

le musée

la pharmacie

l'église

la boulangerie

la mairie

le marché

la piscine

la librairie

la MJC

l'école

l'université

la poste

le théâtre

la gendarmerie

le collège

la bibliothèque

le cinéma

la station-service

X

Vous ête ici

Exemple:
Question: <u>Excusez-moi, où est le théâtre, s'il vous plaît?</u>
Réponse: Vous continuez tout droit et vous tournez à gauche. C'est sur la droite.

Question: _____?
Réponse: Vous allez tout droit et vous tournez à gauche. C'est sur la gauche.
Question: _____?
Réponse: Vous continuez tout droit et vous prenez la troisième rue à droite. Vous traversez le boulevard et vous allez tout droit. C'est sur la gauche.
Question: _____?
Réponse: Vous continuez tout droit et vous prenez la quatrième rue à gauche.
Vous traversez le boulevard et vous continuez tout droit.
C'est sur la droite.

Question: _____?

Réponse: Vous allez tout droit et vous tournez à droite. C'est sur la gauche.

Question: _____?

Réponse: Vous continuez tout droit et vous prenez la deuxième rue à gauche.
Vous traversez le boulevard et vous continuez tout droit.
C'est sur la gauche.

b. **Give directions to the following people.**

c. **Look at the map and write several dialogues with your partner using the cues below.**

> A asks for directions.
> B gives directions.
> A repeats the directions given by B.
> B says whether these are correct or not.
> A thanks B.
> B answers.

| **Excuse-moi,** | **il y a un/une ____ près d'ici?** |
| **Excusez-moi (Monsieur/Madame),** | **où est le/la ____?** |

C'est simple.
C'est compliqué.

Tu continues Vous continuez	tout droit.
Tu vas Vous allez	tout droit/à gauche/à droite.
Tu tournes Vous tournez	à gauche/à droite.
Tu prends Vous prenez	la première (2ème, 3ème ...) rue à droite. à gauche.

C'est sur la droite/gauche.
Merci (bien).
De rien.

6.8
Ecoutez et remplissez la grille dans votre cahier.

	destination	directions given
1.		
2.		
3.		
4.		

Make a sentence using the following words. Don't forget the capitals, commas, full stops and question marks!
est la où s'il vous plaît mairie
simple à droite vous c'est vous tout droit tournez et allez

poste il y a près une pardon d'ici
deuxième prends la tu rue et à boulevard traverse le tu gauche
le excuse-moi est où s'il te plaît théâtre
tout droite droit allez à vous la prenez et quatrième vous rue
une il y a pardon d'ici piscine près
simple tu tout gauche c'est vas tourne c'est la droit à tu droite et sur

6.9

Prononcez bien!
les voyelles nasales

Ecoutez et répétez.
bien/bon/blanc
lin/long/langue

in	**on**	**an**
bain	bon	banc
lin	long	langue

6.10

You will now hear the following words. Put them into one of the 3 columns, according to their pronunciation.

1. lin	7. mon	13. jardin	19. continuer
2. grand	8. centre	14. dans	20. tante
3. prends	9. province	15. nom	21. oncle
4. son	10. Provence	16. salle de bains	22. lampe
5. France	11. pain	17. devant	23. restaurant
6. bien	12. salon	18. magasin	24. prendre

6.11

Dictée: écoutez et écrivez!

<u>DESSINEZ!</u>

Read the following description and draw a map of the village as you imagine it.

Courbelle est une petite ville pittoresque au coeur de la France. Vous traversez le pont et vous arrivez Place de la Mairie. Sur la place, il y a un parking. L'église est sur la gauche. Sur la droite, il y a un café, une boulangerie, une boucherie et des maisons. Derrière la boulangerie, il y a un petit cinéma. La piscine est derrière l'église. A Courbelle, il y a aussi un parc municipal, un château et un musée.

Ecrivez!

Read Sylvain's letter (at the begining of this chapter) again and write a reply.

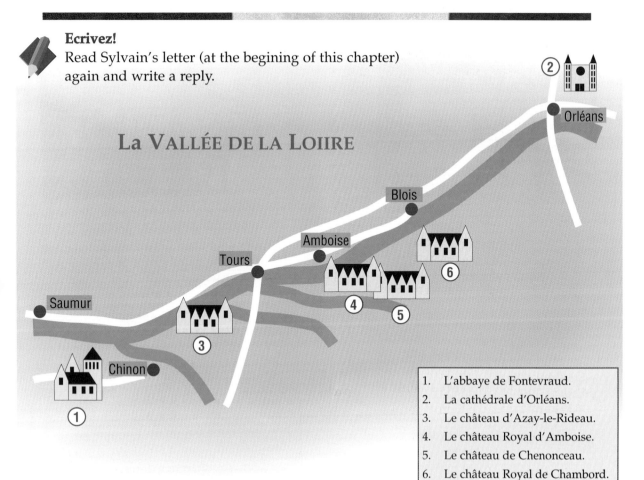

La Vallée de la Loire

1. L'abbaye de Fontevraud.
2. La cathédrale d'Orléans.
3. Le château d'Azay-le-Rideau.
4. Le château Royal d'Amboise.
5. Le château de Chenonceau.
6. Le château Royal de Chambord.

Découverte:

LA VALLEE DE LA LOIRE, Jardin de la France
De la splendeur des châteaux ...
... à la magnificence des jardins

Découvrez la région favorite des rois de France. Ils habitaient dans la région d'Orléans avant de choisir Paris pour capitale.
Découvrez les forêts, les plaines et les prairies, les grands parcs, les jardins à la française et à l'anglaise, les jardins aromatiques, les jardins d'eau, les jardins de fleurs.

Questions

1. Locate the Loire Valley on the map of France (page vi).
2. The Loire Valley is also called 'la Vallée des rois' (the valley of the kings). Why?
3. Paris has always been the capital of France. True or false?
4. Why is the Loire Valley also named 'le Jardin de la France'?

Découvrez au Clos-Lucé les fabuleuses machines de Léonard de Vinci: le premier aéroplane, la première automobile, l'hélicoptère, le tank, le parachute, etc. Léonard de Vinci a habité au Clos-Lucé jusqu'au 2 mai 1519, date de sa mort dans la maison.

Découvrez la chambre de Léonard, sa cuisine à la monumentale cheminée, de belles chambres Renaissances, une magnifique chapelle construite par Charles VIII pour Anne de Bretagne ainsi qu'un passage secret.

Le Clos-Lucé est situé dans Amboise à 500 mètres du Château Royal.

◆◆◆

Horaires: ouvert tous les jours.
Du 23 mars au 12 novembre: de 9 h à 19 h sans interruption.
Du 13 novembre au 22 mars: de 9 h à 18 h sans interruption.
Fermeture annuelle en janvier.

Découvrez l'univers sous-marin, des espaces immenses, des milliers de poissons. Traversez le tunnel (30 mètres de long, 800 tonnes d'eau) et découvrez la richesse du monde aquatique.

◆◆◆

Horaires: 7 jours sur 7
Du 1er avril au 30 décembre, de 9 heures à 19 heures.
Nocturne jusquà 23 heures en juillet et août.
Du 1er octobre au 30 mars: de 9 h 30 à 12 h et 14 h à 18 h 30.

◆◆◆

Situation: L'Aquarium de Touraine est situé à Lussault-sur-Loire, à 5 minutes d'Amboise, direction Tours.
Parking gratuit 300 places - Bar - Restaurant - Aire de pique-nique.

Découvrez l'univers sous-terrain des troglodytes. Des personnes habitent encore dans ces maisons taillées dans le roc. Visitez l'incroyable village de Rochemenier, près de Doué-la-Fontaine: deux fermes et une chapelle sous terre, avec 20 chambres!

Les habitations sont pratiques: la température est toujours constante, en hiver comme en été.

Une opportunité unique est offerte par l'école de Fauconnerie 'Le Faucon Solognot' d'apprendre l'art de la fauconnerie, dans le cadre d'un superbe château du XVIIème siècle.

Le château de la Gondolaine est situé à 20 kilomètres de Blois, au sud de Cheverny.

Une attraction touristique exceptionnelle: la fantastique reconstitution de la faune préhistorique. Dans ce monde extraordinaire, l'eau pétrifie (transforme en pierre) les objets.

Admirez ses stalactites et stalagmites, ses cascades, son lac, son cimetière Gallo-Romain, ses animaux pétrifiés.

♦ ♦ ♦

Savonnières est situé à environ 20 kilomètres de Tours, près de Villandry.
Parking gratuit.
Dates et heures d'ouverture:
Du 8 février au 31 mars: 9 h - 12 h/14 h - 18 h 30.
Du 1er avril au 30 septembre: de 9 h à 19 h.
Du 1er octobre au 15 décembre: 9 h - 12 h/14 h - 18 h.

Questions
Where is Clos-Lucé?
Who lived there and when?
What did he invent?
What can you admire in Clos-Lucé?
Clos-Lucé is closed in June. True or false?

Locate the Aquarium de Touraine approximately on the map.
How long is the tunnel and how much water does the Aquarium contain?
What are the opening hours in summer?
What facilities are available?

What are troglodytes?
What can you visit in Rochemenier?
Why are cave dwellings so convenient?

What can you learn in the château de la Gondolaine?
What can you learn there?
The castle dates back to the 18th century. True or false?

Mention four things you can see in the Savonnières caves.
What are the opening hours in summer?

QUELLE HEURE EST-IL?

☐ *Ecoutez!*

7.1

a. Il est sept heures.

b. Il est sept heures cinq.

c. Il est sept heures et quart.

d. Il est sept heures et demie.

e. Il est huit heures moins le quart.

f. Il est huit heures moins cinq.

g. Il est midi.

h. Il est cinq heures.

i. Il est six heures moins le quart.

j. Il est huit heures.

k. Il est huit heures et demie.

l. Il est dix heures moins le quart.

Match each picture with a particular time.

Je fais mes devoirs. *j*

Je prends le petit déjeuner. *d*

Je regarde la télévision. *k*

Je me lave. *b*

Je me couche. *l*

Je dîne. *i*

Je rentre à la maison. *h*

Je m'habille. *c*

J'arrive à l'école. Les cours commencent à 8 heures. *f*

Je déjeune à la cantine. *g*

Je me réveille. *a*

Je vais à l'école. *e*

7.2

La journée de Sophie

Sophie se réveille à sept heures moins cinq. Elle se lave et s'habille. A sept heures et quart, elle prend le petit déjeuner avec sa famille. Son petit déjeuner consiste en un bol de café et en deux croissants. A sept heures et demie, elle quitte la maison pour aller à l'école. Elle arrive à huit heures et parle avec ses amies. Le matin, les cours commencent à huit heures et quart. Il y a une récréation à dix heures. A midi et quart, Sophie déjeune à la cantine. Elle a faim! L'après-midi, les cours recommencent à deux heures et ils se terminent à cinq heures. Sophie rentre à la maison à cinq heures et demie et prépare son goûter: un bol de cacao et du pain avec du chocolat. A six heures et quart, elle fait ses devoirs. Le soir, elle dîne à huit heures avec toute la famille. A huit heures et demie, elle regarde un peu la télévision. Sophie se couche à neuf heures et demie ou dix heures moins le quart.

1. At what time does Sophie wake up?
2. What are the two things she does before having breakfast?
3. What does she have for breakfast?
4. At what time does she leave home?
5. At what time does class begin? At what time does Sophie arrive?
6. At what time is the break?
7. When and where does Sophie have lunch?
8. How many classes are there in the afternoon?
9. What is the first thing Sophie does on arriving home?
10. How long does Sophie spend on her homework?
11. What does she do in the evening?
12. At what time does she go to bed?

L'HEURE

When telling the time in English, do you give the hour or the minutes first?
Give examples.

When telling the time in French, do you give the hour or the minutes first?
Give examples.

Copy the clock in your copy and fill in the gaps in French.

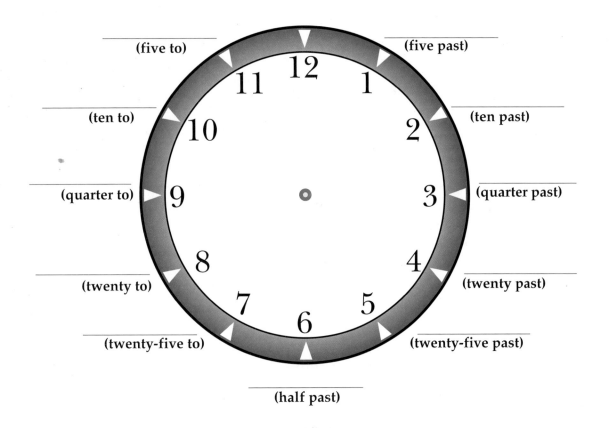

(five to)   (five past)

(ten to)   (ten past)

(quarter to)   (quarter past)

(twenty to)   (twenty past)

(twenty-five to)   (twenty-five past)

(half past)

LES VERBES PRONOMINAUX

You already know one reflexive verb: **s'appeler**.

je	**m'**	appelle
tu	**t'**	appelles
il/elle	**s'**	appelle
nous	**nous**	appelons
vous	**vous**	appelez
ils/elles	**s'**	appellent

Read over Julien's day and find 4 reflexive verbs. Now read over Sophie's day and find 5 reflexive verbs. Conjugate any three of them.

LES VERBES RÉGULIERS (- ER)

Read again about Sophie's day and find 11 regular **-er** verbs.

LES VERBES IRRÉGULIERS (FAIRE)

How many irregular verbs do you know? **Faire, être, avoir** and **aller** are the four most important verbs in the French language as they are used very often. They have to be known by heart.

je fais	nous faisons
tu fais	vous faites
il/elle fait	ils/elles font

■ *A Vous!*

Draw a clock with the correct time for each of the following.
Exemple:
Il est huit heures moins le quart.

1. Il est huit heures moins dix.
2. Il est neuf heures et quart.
3. Il est six heures et demie.
4. Il est midi.
5. Il est une heure vingt.
6. Il est sept heures moins le quart.
7. Il est cinq heures et demie.
8. Il est dix heures moins vingt.
9. Il est trois heures dix.
10. Il est deux heures moins vingt-cinq.

7.3

Ecoutez et complétez la grille dans votre cahier.
Listen carefully to Brigitte, Thomas and André talking about their day. Write the time at which each does the following.

	wakes up	has breakfast	goes to school	has lunch	comes home	has dinner	goes to bed
Brigitte							
Thomas							
André							

MA JOURNÉE

A. **Answer the following questions in your copy.**
1. Comment tu t'appelles?
2. Tu as quel âge?
3. Tu habites où?
4. Tu as des frères et des soeurs?
6. Tu te réveilles à quelle heure? (Je me réveille à ____)
7. Tu te laves à quelle heure?
8. Tu prends le petit déjeuner à quelle heure?
9. Tu quittes la maison à quelle heure?
10. Les cours commencent à quelle heure?
11. Tu déjeunes à quelle heure?
12. Tu rentres à la maison à quelle heure?
13. Tu dînes à quelle heure?
14. Tu te couches à quelle heure?

B. **Ask your partner the above questions.**
Write down his/her answers in your copy.

C. **Tell the class about your partner's day.**
Exemple:
Il/elle s'appelle ____ .
Il/elle se réveille à ____ .

Read the following notes and write about Jeanne's day.
Exemple:
Jeanne se réveille à 7 heures 25, ____

7.25	se réveiller	2.00	retourner à l'école
7.30	se laver	5.00	rentrer à la maison - goûter
7.40	s'habiller	6.00	devoirs
7.45	prendre le petit déjeuner	7.30	dîner en famille
8.05	quitter la maison	7.55	regarder un peu la télé
8.15	arriver à l'école	9.30	se coucher
12.00	déjeuner		

Now write from Jeanne's point of view.
Exemple:
Je me réveille à sept heures vingt-cinq, ____

IL EST QUELLE HEURE?

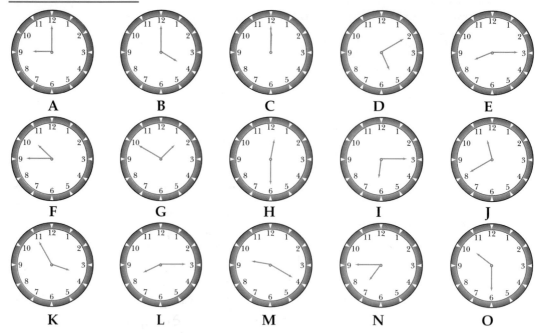

A   B   C   D   E

F   G   H   I   J

K   L   M   N   O

Match the pronouns or nouns with the appropriate verb.

Je	fait	ses devoirs.
Tu	font	la vaisselle.
Il	fais	mes devoirs.
Marie	faites	le ménage.
Nous	font	la lessive.
Vous	fait	la vaisselle.
Catherine et Jean	faisons	les courses.
Elles	fais	tes devoirs.

Put the verbs in brackets in the appropriate form.
Exemple:
Elle (s'appeler) Emilie.
Elle **s'appelle** Emilie.

A. REFLEXIVE VERBS

1. Je (s'appeler) Pascal.
2. Il (se réveiller) à 8 heures.
3. Elles (se coucher) à 9 heures et demie.
4. Tu (se laver) à quelle heure?
5. Nous (se réveiller) à 7 heures et demie.
6. Je (s'habiller).
7. Vous (s'appeler) comment?
8. Je (se coucher) à 10 heures.
9. Les cours (se terminer) à 5 heures.
10. Tu (se réveiller) à 8 heures?

B. IRREGULAR VERBS (ÊTRE, AVOIR, FAIRE, ALLER)

1. J' (avoir) 12 ans.
2. Il (être) français.
3. Nous (aller) au cinéma.
4. Ils (faire) le ménage.
5. Vous (aller) en Bretagne?

6. Je (faire) mes devoirs.
7. Tu (faire) la vaisselle.
8. Je (être) irlandais.
9. Elle (faire) ses devoirs.
10. Elles (avoir) deux frères.

MES MATIÈRES

Dijon, le 15 février

Salut!

Je m'appelle Edith. J'ai treize ans et j'habite à Dijon, en Bourgogne. Je vais à l'école le lundi, le mardi, le jeudi, le vendredi et le samedi matin. Le mercredi, je n'ai pas cours, alors je fais du sport ou je vais au cinéma.

A l'école, j'étudie dix matières: le français, l'anglais, les maths, l'histoire-géographie, la biologie, la physique, l'éducation manuelle, l'éducation artistique, l'éducation civique et le sport. Ma matière préférée, c'est l'anglais. J'adore le sport et la musique. Je déteste les maths!

Et toi, qu'est-ce que tu fais à l'école? Quelle est ta matière préférée? Ecris-moi vite!

A bientôt

Edith

COMPRÉHENSION

Répondez en anglais.
How many days per week does Edith go to school?
What does she do on a Wednesday?
How many subjects does she have? Name them.
What is Edith's favourite subject?

Send a letter of reply to Edith. Mention:
how many days per week you go to school;
how many subjects you study, and name them;
your favourite and least favourite subjects.

7.4

Ecoutez et remplissez la grille dans votre cahier.

Listen carefully to Jean, Anne, Brigitte and Noel talk about their favourite subject and the days and times at which it take place.

	favourite subject	days	times
Jean			
Anne			
Brigitte			
Noel			

7.5

L'emploi du temps d'Edith

EMPLOI DU TEMPS						
	lundi	**mardi**	**mercredi**	**jeudi**	**vendredi**	**samedi**
8 h	anglais	_sport_	·	___	biologie	français
9 h	français	maths	___	maths	géographie	français
10 h	___	_francais_	___	___	_maths_	___
11 h	_anglois_	_anglois_	___	dessin	anglais	sport
DEJEUNER						
2 h	permanence	histoire	___	français	_civics_	___
3 h	Ed. manuelle	permanence		___	_vei_	
4 h	___	___		histoire-géo	___	

1. Recopiez l'emploi du temps d'Edith dans votre cahier.
2. Ecoutez bien et remplissez les blancs dans l'emploi du temps d'Edith.

3. Répondez aux questions suivantes comme dans l'exemple.

A.

Exemple: Qu'est-ce qu'elle a, le lundi, à 3 heures?
    Le lundi, à 3 heures, elle a éducation manuelle.

1. Qu'est-ce qu'elle a, le jeudi, à 11 heures?
2. Qu'est-ce qu'elle a, le lundi, à 9 heures?
3. Qu'est-ce qu'elle a, le samedi, à 8 heures?
4. Qu'est-ce qu'elle a, le mardi, à 2 heures?
5. Qu'est-ce qu'elle a, le vendredi, à 4 heures?

B.

Exemple: Elle a sport à quelle heure, le lundi?
    Le lundi, elle a sport à 4 heures.

1. Elle a maths à quelle heure, le mardi?
2. Elle a biologie à quelle heure, le jeudi?
3. Elle a français à quelle heure, le samedi?
4. Elle a anglais à quelle heure, le lundi?
5. Elle a histoire-géo à quelle heure, le jeudi?

MON EMPLOI DU TEMPS

Write your own timetable **in French** (you will find a list of all your
subjects in the vocabulary section, page 295).
Make up five questions and answers based on the following model.
Tu as **histoire** à quelle heure, le **lundi**? (vary the subjects and the days)
Le lundi, j'ai histoire à 11 heures 20.
Make up five questions and answers based on the following model.
Qu'est-ce que tu as, le **lundi**, à **9 heures**? (vary the day and the hour)
Le lundi, à 9 heures, j'ai maths.

Now ask your partner these questions.
Compare your timetable with that of Edith and say which one you prefer. Form an
opinion and give reasons.

	IRELAND	FRANCE
Duration of a class		
Amount of time spent in school daily		
Amount of time spent in school weekly		
Duration of lunch break		
Number of subjects		
Amount of time spent on following subjects weekly:		
Foreign languages		
French/English-Irish (own language)		
Maths		
Biology		
Physics		
History		
Geography		
Woodwork/technical drawing		
Religious education		
Civics		
Art		
Physical education		
Other		

Pardon, vous pouvez parler moins vite, s'il vous plaît?

QUELLE HEURE EST-IL?

7.6

Ecoutez et écrivez dans votre cahier.

1. ____
2. ____
3. ____
4. ____
5. ____
6. ____
7. ____
8. ____
9. ____
10. ____

PRONONCEZ BIEN!

7.7

Silent letters in the present tense (-er verbs)

Write out the verb **regarder** in full in the present tense. Then listen and cross out all the letters that aren't being pronounced.

Which persons have the same prononciation?

	1st person	je regarde
singular	2nd person	tu regardes
	3rd person	il/elle regarde
	1st person	nous regardons
plural	2nd person	vous regardez
	3rd person	ils/elles regardent

7.8

Dictée: écoutez et écrivez!

7.9

Qu'est-ce qu'il fait?

In the following, you will hear short recordings taken at various stages of Gérard's day. For each recording, find out:
the location; the time; the activity.

Write an account of Gérard's day.

7.10

MON JOUR PRÉFÉRÉ

Mon jour préféré, c'est le lundi. Je me lève à sept heures et je vais à l'école. A huit heures et quart, j'ai musique. Nous écoutons des disques ou jouons de la flûte! A neuf heures et quart, j'ai anglais. Le prof est sympa. A dix heures, c'est la récréation. Je parle du week-end avec mes amis. A dix heures et

quart, j'ai sport. Nous jouons au basket ou faisons de la gymnastique. A onze heures et quart, j'ai histoire-géo, ma matière préférée! J'aime découvrir l'histoire de mes ancêtres. A midi et quart, je déjeune à la cantine. Voici le menu du lundi: oeuf mayonnaise, spaghetti bolognese et gâteau au chocolat ... J'adore! L'après-midi, à deux heures, j'ai travail manuel pour deux heures. Je fais une petite table. A quatre heures, j'ai permanence et je fais mes devoirs. Le soir, je regarde mon émission préférée à la télévision ... Et je fais mes devoirs. Voilà!

Take down all the times mentioned and find out what this girl does.
Example:
7.00: she gets up.
8.15: ____

Now write an account of your favourite day.

HUIT

SPORTS ET LOISIRS

◼ *Sommaire*

RÉVISION
verbes réguliers (-er)
verbes irréguliers
(être/avoir/faire/aller)
infinitif

COMMUNICATION
parler du sport et des loisirs

LE FRANÇAIS EN CLASSE
Je peux aller chercher mes affaires?

GRAMMAIRE
jouer à/jouer de/faire de
sortir

PHONÉTIQUE
le 'r' francais

CIVILISATION
le sport en France

◼ *Regardez!*

Les 24 heures du Mans.

L'Open français de Tennis, à Rolland-Garros, Paris.

Le Tour de France à la voile.

La finale de la
Coupe de France de
Football, au Parc
des Princes, Paris.

Le Tour de France.

Le Championnat de France de pétanque, à
Marseille.

La Coupe du Monde de ski à
Val d'Isère, dans les Alpes.

 Ecoutez!

8.1

Laura: Tu aimes le sport?

Fergus: Oui, j'adore les sports collectifs: le football, le football gaélique et le hurling. J'aime aussi le basket et le tennis. Je déteste la gymnastique.

Laura: Tu aimes le golf?

Fergus: Non, je n'aime pas les sports individuels. Et toi, tu aimes le sport?

Laura: Oui, j'aime bien le sport. Mon sport préféré, c'est le golf. J'aime aussi le hockey, le tennis, le basket, la danse et la natation. Je déteste la boxe.

8.2

Catherine: Tu fais du sport, Nicolas?

Nicolas: Oui, je joue au foot, au rugby, au tennis et au basket. J'aime aussi les sports individuels: je fais du vélo, de la natation et de l'équitation. Et toi, tu fais du sport?

Catherine: Oui, j'adore le sport! Je fais de l'athlétisme, de la marche et du ski. A l'école, je joue au hockey et au basket.

MASCULIN OU FÉMININ?

Make a list of all the sports mentioned in the dialogues and classify them according to their gender (masculine or feminine).

MASCULIN	FÉMININ
le tennis	la danse

JOUER À/FAIRE DE

(see vocabulary section, page 297-98)
Look at the following two columns.
What is the main difference between the sports in column A and those in column B?

	A.		B.
	au basket		du golf
	au football		de la natation
je joue	au camogie	**je fais**	de la gymnastique
	au rugby		de l'athlétisme
	au football gaélique		du vélo
	au hockey		de l'équitation

Complete the following rules and learn them off by heart.
> **jouer à is generally used for ____ sports.**
> **faire de is generally used for ____ sports.**

À AND DE + DEFINITE ARTICLE

(see grammar section, page 285)

You have already learned that
à + le = ____
Find examples. (I go to the cinema. He goes to the market.)

Now read again over dialogue 8.2. Complete the following rule and learn it off by heart.
> **de + le = ____**

Find examples.

Classify the following verbs in a logical order.
je déteste - j'aime bien - j'adore - je n'aime pas - j'aime

A. Répondez aux questions suivantes.

1. Tu fais du sport?
2. Tu aimes les sports collectifs?
3. Tu aimes les sports individuels?
4. Quel est ton sport préféré?

5. Tu aimes bien quel sport?
6. Tu détestes quel sport?
7. Tu n'aimes pas quel sport?
8. Tu adores quel sport?

B. Ask your partner the above questions. Write down the answers in your copy.

C. Tell the class about your partner's sports.

OÙ EST-CE QU'ILS VONT?

Exemple:

Pierre aime les animaux sauvages.
Il va au zoo.

1.	Pierre aime les animaux sauvages.	la bibliothèque
2.	Laurette adore les films.	le zoo
3.	Stéphane aime la cuisine française.	la piscine
4.	Fabien adore Shakespeare.	le stade
5.	Carole aime la nature.	le musée
6.	Luc aime l'histoire.	le gymnase
7.	Nicole adore l'aérobic.	le cinéma
8.	Jean aime les livres.	la patinoire
9.	Marc adore la natation.	la campagne
10.	Marie aime le rugby.	le restaurant
11.	Roland adore le hockey sur glace.	le théâtre

EN FRANÇAIS, S'IL VOUS PLAÎT!

Qu'est-ce qu'ils font?

Exemple:
Elle fait de l'équitation.

1. ____

2. ____

3. ____

4. ____

5. ____

6. ____

8. ____

7. ____

9. ____

10. ____

8.3
Ecoutez et remplissez la grille dans votre cahier.

	âge	sports pratiqués	sport favori
Corinne			
Thierry			
Jean-Baptiste			
Laurence			

Remplissez les blancs avec **faire de** ou **jouer à**.

Exemple:
Je _____ (danse).
Je fais de la danse.

1. Je _____ (football).
2. Tu _____ (tennis).
3. Je _____ (athlétisme).
4. Il _____ (basket).
5. Elle _____ (équitation).
6. Elles _____ (jogging).
7. Pierre _____ (rugby).
8. Je _____ (gymnastique).
9. Vous _____ (ski).
10. Je _____ (équitation).
11. Je _____ (ping-pong).
12. Nous _____ (vélo).

8.4

Ecoutez et complétez dans votre cahier.
Listen to the following text being read out and fill in the gaps with the appropriate verb. Write the whole text in your copy! Then <u>underline</u> the verbs and (circle) the subjects.

Stéphane _____ (1) 12 ans. Il _____ (2) à La Croix Saint Ouen, un petit village dans le nord de la France. Stéphane _____ (3) deux frères et une soeur: Christophe a 18 ans, Marc a 16 ans et Sophie _____ (4) 14 ans. Son père _____ (5) Karl, il est professeur. Sa mère _____ (6) médecin, elle s'appelle Caroline. Stéphane _____ (7) le sport! A l'école, il _____ (8) au football et au rugby et il _____ (9) de l'athlétisme. Le mercredi, Stéphane ne _____ (10) pas à l'école. Il _____ (11) au basket et il _____ (12) du vélo. Le sport préféré de Stéphane, c'est le ski. En février, il _____ (13) du ski dans les Alpes. Stéphane _____ (14) le karaté.

8.5

Listen to four boys and girls talking about their sporting activities and fill in the grid.

	loves	likes	doesn't like	detests
Philippe	swimming	football	athletics	pétanque
Christine				
Lucien				
Isabelle				

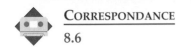
Valenciennes, le 12 mars

Chère Aine,

Je suis ton correspondant français. Je m'appelle André Duteil et j'ai treize ans. Mon anniversaire est le douze juin et ma fête est le vingt-cinq avril.

J'ai deux soeurs et un frère. Marianne a seize ans, Jacqueline a huit ans et Marc a dix ans. Mon père s'appelle Jacques, il est mécanicien. Ma mère travaille à la maison. Elle s'appelle Anne.

J'habite à Valenciennes, dans le nord de la France. C'est près de la Belgique. A la maison, nous avons un chien: il s'appelle Waf.

J'adore le sport! A l'école, je joue au foot et au rugby. J'aime bien le tennis. Je fais aussi de l'athlétisme dans un club. Je déteste la gymnastique!

J'ai beaucoup de questions à te poser: tu habites en ville ou à la campagne? Tu as des frères et des soeurs? Qu'est-ce qu'ils font, tes parents? Tu fais du sport? Tu aimes le football?

Ecris-moi vite!

A bientôt!

André

A. QUESTIONS

1. When are André's birthday and feastday?
2. What do André's parents do?
3. What age are his brothers and sisters?
4. Where is Valenciennes?
5. Does André have any pets?
6. What sports does he enjoy?
7. What questions does he ask Aine?

B. ECRIVEZ!

Write a letter to your French pen-pal. Mention the following: personal details (name, age, birthday); parents, brothers and sisters; address; pets; sports.

Don't forget to ask a few questions!

> ... , le ...
>
> Cher (Chère) ...,
>
> Je suis ton correspondant irlandais (ta correspondante irlandaise) ...

LE TOUR DE FRANCE DES SPORTS

Match each of the following captions with the appropriate picture.

1   2   3   4   5

A. Les boules lyonnaises. Ce sport ressemble à la pétanque. C'est un sport très populaire dans la région de Lyon.

B. Le hand ball est un sport d'équipe (sept joueurs). C'est un sport d'origine allemande. Le hand ball est un sport populaire en Alsace, en Allemagne, en Autriche, dans la République Tchèque, en Slovaquie et en Pologne.

C. La pelote basque ressemble au 'handball irlandais'. C'est un sport populaire dans le Pays Basque et au Mexique.

D. La savate (ou boxe française) est une forme de boxe et ressemble au karaté. C'est un sport très populaire à Paris.

E. Le billard français se joue avec trois boules. On joue au billard français dans les cafés.

A. *Le hand ball* is similar to Irish handball. True or false?
   How many players are there in *hand ball*?
   Where did this sport originate?
   Where is it played?

B. What is *le billard français*?

C. What is *la savate*?
   What is another name for *la savate*?
   La savate is a cross between which two sports?
   Where is it very popular?

D. What Irish sport does *la pelote basque* resemble?
   Where is it played?

E. *Les boules lyonnaises* is similar to which other French sport?
   Where is it popular?

QUELS SONT TES LOISIRS?

J'aime lire.   J'adore collectionner   J'aime jouer de la   J'aime faire du sport.
                les timbres.   flute.

J'aime regarder   J'aime écouter de la   J'adore danser.   J'aime faire des
la television.   musique.   promenades.

J'adore chanter.　　　　J'aime nager.　　　　J'aime sortir avec mes amis.

8.7

Florence: Qu'est-ce que tu aimes faire, le week-end?
Simon:　　J'aime faire du sport, écouter de la musique et lire.
Florence: Tu joues d'un instrument?
Simon:　　Oui, je joue du piano et de l'accordéon.
Florence: Qu'est-ce que tu n'aimes pas faire?
Simon:　　Je déteste faire la vaisselle!

8.8

Antoine: Tu joues d'un instrument, Emilie?
Emilie:　Oui, je joue de la flûte.
Antoine: Qu'est-ce que tu fais, le mercredi?
Emilie:　Le mercredi, je sors avec mes amies. J'aime faire des promenades avec mon chien. J'adore aller au cinéma.
Antoine: Qu'est-ce que tu aimes faire, le week-end?
Emilie:　Le week-end, j'aime jouer de la flûte et écouter de la musique.
Antoine: Tu collectionnes quelque chose?
Emilie:　Oui, je collectionne les poupées et les cartes téléphoniques. Et toi?
Antoine: Moi, je collectionne les timbres et les pièces de monnaie.

■ *Découvrez Les Règles!*

L'INFINITIF

What is an infinitive? Find the infinitive of the following verbs.

he is: **to be**　　　　　　she goes:
I am:　　　　　　　　　they are:
you have:　　　　　　　I danced:
he looks:　　　　　　　You will write:
he does:　　　　　　　I have gone:

For each of the following nouns, find the appropriate infinitive.

	+ noun	+ infinitive
J'adore	la lecture	lire
	la danse	
	le sport	
J'aime	la musique	
	la natation	
Je déteste	l'équitation	
	les timbres	
	les sorties	

JOUER DE (SEE VOCABULARY SECTION, PAGE 297-98)

When do you use **jouer à**? Give examples.
When do you use **faire de**? Give examples.

 Read section B again and find out when to use jouer de. Give examples.

LES VERBES IRREGULIERS (SORTIR)

Sortir is an irregular verb which has to be learned off by heart. Although it is an irregular verb, **sortir** has certain regular features. What are they?

sortir	
je	sors
tu	sors
il/elle	sort
nous	sortons
vous	sortez
ils/elles	sortent

■ *A Vous!*

Tu fais du sport?
Qu'est-ce que tu aimes faire le week-end?
Est-ce que tu collectionnes quelque chose?
Tu joues d'un instrument de musique?
Qu'est-ce que tu n'aimes pas faire?
Tu sors avec tes amis, le week-end?
Qu'est-ce que tu détestes?
Tu aimes chanter?
Tu as des animaux à la maison?

Tours, le 12 mai

Salut!

Je m'appelle Max. J'ai treize ans. J'habite à Tours, dans la Vallée de la Loire. J'adore le sport: je joue au foot et au volley. Je fais du vélo, de la natation et de l'équitation. Le mercredi, je joue au rugby dans un club, le R.C.T (Rugby Club Tourangeau). Tu fais du sport?

A la maison, nous avons un chien. J'aime faire des promenades avec Rex le samedi ou le dimanche. Tu as un animal à la maison?

Ma région est très intéressante. J'adore visiter les châteaux, les sites historiques et les musées. Il y a des châteaux ou des musées dans ta région?

Le week-end, je sors avec mes amis. J'aime lire et aller au cinéma. Je n'aime pas beaucoup regarder la télévision. J'aime écouter de la musique. Je joue du violon et de la flûte. Et toi, tu joues d'un instrument? Tu aimes écouter de la musique? Quel est ton groupe préféré?

Ecris-moi vite!

Salut!

Max

QUESTIONS

1. Where is Tours?
2. Name the 6 sports Max enjoys.
3. Where does he play rugby?
4. Does he have a pet?
5. Why does Max like his region?
6. What does he do at the week-ends?
7. What doesn't he like?
8. Does Max play any instrument?
9. What 6 questions does he ask?

8.10

Ecoutez et remplissez la grille dans votre cahier!

	age	leisure activities	instrument played
Laurent			
Mireille			
Julie			
Karl			

QU'EST-CE QU'ILS FONT?

Exemple:
Qu'est-ce qu'elle fait?
Elle joue de la flûte.

Qu'est-ce qu'il fait?

Qu'est-ce qu'il fait?

Qu'est-ce qu'elle fait?

Qu'est-ce qu'elles font?

Qu'est-ce qu'ils font?

Now write sentences from their point of view.
Exemple:
Je joue de la flûte.

QU'EST-CE QU'ILS AIMENT FAIRE?

Exemple:
Qu'est-ce qu'il aime?
Il aime la natation. (verb + noun)
Qu'est-ce qu'il aime faire?
Il aime nager. (verb + infinitive)

Qu'est-ce qu'il aime?   Qu'est-ce qu'elle aime?   Qu'est-ce qu'elle aime?
Qu'est-ce qu'il aime faire?   Qu'est-ce qu'elle aime faire?   Qu'est-ce qu'elle aime faire?

Qu'est-ce qu'ils aiment?   Qu'est-ce qu'elle aime?   Qu'est-ce qu'il aime?
Qu'est-ce qu'ils aiment faire?   Qu'est-ce qu'elle aime faire?   Qu'est-ce qu'il aime faire?

Qu'est-ce qu'ils aiment?   Qu'est-ce qu'elle aime?
Qu'est-ce qu'ils aiment faire?   Qu'est-ce qu'elle aime faire?

PRONONCEZ BIEN!

8.11

le 'r'

The French 'r' sound doesn't exist in the English language. However, it is very similar to the Irish 'ama**ch**' or 'istea**ch**' as pronounced in the West of Ireland, or Johann-Sebastian Ba**ch**.

The French 'r' is formed at the back of the throat and should be pronounced very clearly.

Ecoutez et répétez!

marché	jardin	faire
trois	au revoir	frère
quatre	rez-de-chaussée	bonjour
rue	courses	

Ma soeur apporte le beurre et la confiture.
Pardon, je cherche la rue Renoir.
La porte est fermée.
Quel malheur!
René travaille en Irlande du Nord.

JEUX DE RÔLE

1. A asks if B has any brothers and sisters.
    B has one brother and one sister.
    A asks B where he/she lives.
    B lives in Paris.
    A asks if B likes sport.
    B loves sport (mention 4 sports).
    A asks if B likes music.
    B likes music (plays an instrument).

2. A asks if B has any pets.
    B has a cat. B asks if A has any pets.
    A has a dog. A loves to walk her/his dog at week-ends. A asks B what
    activities he/she enjoys.
    B loves to swim, go horse riding and to play football. Doesn't like homework.
    Plays the guitar.
    B asks if A plays any music.
    A plays the piano and loves music.

3. A says hello and asks how B is.
    B says hello and says he/she is ok. B asks how A is.
    A is very well. A asks for B's name.
    B gives name and asks for A's name.
    A gives name and asks for B's nationality.
    B says he/she is French and asks for A's nationality.
    A says he/she is Irish and asks if B likes sport.
    B loves sport (plays soccer and basket-ball). B asks if A likes sport.
    A doesn't like sport. A loves music (plays the violin).

Pick one of the following role cards and pretend that you are that person. Ask your partner questions.

nom:	Bernard Masson
adresse:	Cannes
age:	13 ans
anniversaire:	24 mai
famille:	2 frères + 1 soeur
loisirs:	football, natation, violon, cinéma, sorties
animaux:	chien

nom:	Catherine Lyon
adresse:	Bordeaux
age:	12 ans
anniversaire:	3 septembre
famille:	-
loisirs:	danse, basket, piano, lecture
animaux:	-

nom:	Sophie Durand
adresse:	Nancy
age:	13 ans
anniversaire:	5 octobre
famille:	1 frère + 1 soeur
loisirs:	musique, guitare, lecture, hockey, promenade
animaux:	chat + chien

nom:	Frédéric Delabarre
adresse:	Dunkerque
age:	13 ans
anniversaire:	12 août
famille:	2 frères + 1 soeur
loisirs:	sport (football, rugby, pétanque, natation), lecture, flûte, musique
animaux:	chien

Now make up your own card.

nom:

adresse:

age:

anniversaire:

famille:

loisirs:

animaux:

Carry out a survey in the class to find out about leisure activities. Before starting, read the following instructions very carefully and make sure you understand them.

Step 1. Write in your copy:
a. 2 of your favourite activities;
b. 2 activities you do not like.

Exemples:

J'adore jouer au foot.

J'aime ...

Je n'aime pas ...

Je déteste ...

Step 2. Form groups of four and appoint one group leader. The group leader questions the group members individually.

Exemples:

Qu'est-ce que tu adores faire?

J'adore jouer au foot.

Qu'est-ce que tu aimes faire?

J'aime jouer du violon.

Qu'est-ce que tu n'aimes pas faire?

Je n'aime pas jouer au tennis.

Qu'est-ce que tu déteste faire?

Je déteste le hockey.

Then a group member writes the answers in a grid.

noms	adore	aime	n'aime pas	déteste
1	le football	le violon	le tennis	le hockey
2				
3				
4				

The group then summarises the overall result.

Exemple: Dans le groupe, un élève adore jouer au foot, trois élèves adorent jouer au basket ...

Step 3. Each group leader reports the results to the class. A pupil writes the overall results on the board.

Step 4. Discuss the overall results.
What are the the favourite activities? Why, in your opinion?
What activities aren't very popular? Why, in your opinion?
Would the overall result be the same in a French school, in your opinion?

8.12

Ecoutez et complétez dans votre cahier.

Je m'____ (1) Sophie Dumay. J'ai ____ (2) ans. J'habite à Grasse, ____ (3) Provence. J'ai deux ____ (4) et ____ (5) soeur. Luc a seize ans, Marianne a quatorze ans et Martin ____ (6) dix ans. Mon père est au chômage et ma mère ____ (7) secrétaire. La ____ (8) est une région magnifique et très intéressante. En juin, j'aime ____ (9) à la mer et en février, je ____ (10) du ski dans les Alpes. J'adore le week-end! Le vendredi soir, je ____ (11) au cinéma. J'aime beaucoup les films d'aventure. Le samedi, je fais ____ (12) sport. Je fais de la natation et je joue ____ (13) basket dans le club local.

8.13

Dictée: écoutez et écrivez dans votre cahier!

LES PETITES ANNONCES

Claire Sauvageot (Belgique), 12 ans, cherche correspondante ou correspondant. Aime animaux (chiens et chevaux), sport (équitation, tennis) et lecture. Joue du piano.

Laurent Luciano (France), 13 ans, cherche correspondant. Je collectionne les timbres et les cartes téléphoniques. Je n'aime pas beaucoup le sport. Je joue de la guitare. J'habite à la campagne.

Marc Delvaut (Suisse), 13 ans, cherche correspondant ou correspondante. J'habite dans les Alpes. J'adore faire du ski et des promenades dans la montagne. J'ai un chien Saint Bernard. J'aimerais échanger des timbres.

Catherine Vidal (Nouvelle Calédonie), 12 ans, cherche correspondant pour échanger cartes postales. Aime la danse, la gymnastique et écouter de la musique rock. Joue de la flûte.

Yves Duteil (Québec), 14 ans, désire correspondre avec un Européen. Il habite à Montréal et adore la lecture et le cinéma. Yves est sportif: il fait du hockey sur glace, du football américain et de la natation.

A. QUESTIONS

1. Who wants to exchange stamps?
2. Who likes reading and the cinema?
3. Who wants to exchange postcards?
4. Who doesn't like sport?
5. Who likes rock music?
6. Who lives in the country?
7. Who loves horses?
8. Who plays the flute?

B. ECRIVEZ!

Choose one correspondant and write a letter. Mention:
name;
age/birthday;
family;
town/region;
pets;
likes/dislikes;
a typical day.
Also ask a few questions.

<u>LE QUIZ SPORTIF</u>

Formez des équipes et répondez aux questions.
The following quiz is composed of 9 questions.
Read all the questions. Then close your books. The teacher will be the quizmaster.
Answer questions in French.
Bonne chance!

1. Sport pratiqué par Eric Cantona.
2. Ce sport ressemble à la pétanque. C'est un sport très populaire dans la région de Lyon.
3. Sport pratiqué par Sonia O'Sullivan.
4. C'est un sport d'équipe. C'est un sport d'origine allemande.
5. Sport pratiqué par Jason Sherlock.
6. Ce sport ressemble au 'handball irlandais'. C'est un sport populaire dans le Pays Basque et au Mexique.
7. Sport pratiqué par Simon Geoghegan.
8. Ce sport est une forme de boxe et ressemble au karaté.
9. Sport pratiqué par Michelle Smith.

■ *Sommaire*

RÉVISION	**GRAMMAIRE**
verbes réguliers (-er)	verbes réguliers (-ir)
l'heure	prendre/boire
	articles partitifs
COMMUNICATION	
parler de la nourriture	**PHONÉTIQUE**
	opposition oui/huit
LE FRANÇAIS EN CLASSE	
On ne mange pas en classe!	**CIVILISATION**
	les habitudes alimentaires des Français
	la cuisine en France

■ *Observez!*

Numéro 1, qu'est-ce que c'est?
C'est un croissant.

C'est une orange.	C'est du café.	C'est du thé.
C'est du sucre.	C'est du jus d'orange.	C'est une banane.
Ce sont des céréales.	C'est un bol.	C'est du beurre.
C'est un croissant.	C'est du lait.	C'est de la confiture.

Qu'est-ce qu'il y a sur la table?

Sur la table, il y a _____

9.1

Marc: Qu'est-ce que tu prends au petit déjeuner?

Sophie: Je prends des céréales et une banane.

Marc: Et qu'est-ce que tu bois?

Sophie: Je bois du café. Et toi, qu'est-ce que tu prends au petit déjeuner?

Marc: Je mange du pain, du beurre et de la confiture. Je bois du chocolat.

9.2

Je m'appelle Fabrice. J'ai treize ans. J'habite à Montreuil, dans la banlieue de Paris. Je me réveille à sept heures et quart. Je prends le petit déjeuner dans la cuisine à sept heures et demie. Je prends des céréales et du pain avec du beurre et de la confiture. Je mange une orange et je bois du café au lait. A huit heures moins dix, je vais à l'école. Les cours commencent à huit heures. A midi, je déjeune à la cantine. Comme entrée, je choisis du pâté. Comme plat principal, je prends du rôti et des carottes. Ensuite, je mange du fromage. Comme dessert, je choisis une crème caramel. Je bois de l'eau minérale.

L'après-midi, les cours finissent à cinq heures. Je rentre à la maison et je fais une promenade avec mon chien. Ensuite, je finis mes devoirs. A huit heures, c'est le dîner. Comme entrée, je mange de la salade verte. Comme plat principal, je prends du boeuf, des pommes de terre et des carottes. Après le fromage, je mange un yaourt. Je bois de l'eau. Mes parents boivent du vin. Je me couche à neuf heures et demie.

QUESTIONS

1. At what time does Fabrice have breakfast?
2. What does he have for breakfast?
3. Where does he eat at lunchtime?
4. What does he have as a starter?
5. What does he have as a main course?
6. What does he have after the cheese?
7. What does he drink?
8. At what time does he have dinner?
9. What does he have?
10. What do his parents drink?

EN FRANÇAIS, S'IL VOUS PLAÎT!

ARTICLES PARTITIFS

Is it correct to say 'a bread', 'a butter', 'a jam' in English?
Look again at 9.1 and 9.3 and find out how to say the following in French.

some bread: _____   some sugar: _____   some water: _____
some cereals: _____   some jam: _____

Now complete the following rule and learn it off by heart.

> There are _____ ways to say 'some' in French, depending on
> the _____ and number of the noun.

masculine singular nouns: _____
feminine singular nouns: _____
singular nouns which start with a vowel or silent 'h': _____
all plural nouns: _____

LES VERBES RÉGULIERS EN -IR

Read again about Fabrice's day and find all the verbs to do with meal times.
How many regular -**er** verbs can you find?
     Look at the grammar section, page 288. What are the endings of regular -**ir**
verbs? How many -**ir** verbs can you find in Fabrice's account? Conjugate them.

finir	**choisir**
je _____	je _____
tu _____	tu _____
il/elle _____	il/elle _____
nous _____	nous _____
vous _____	vous _____
ils/elles _____	ils/elles _____

LES VERBES IRRÉGULIERS

Prendre and **boire** are irregular verbs which have to be learned off by heart.
Complete the following.

prendre	**boire**
je _____	je _____
tu _____	tu _____
il/elle prend	il/elle boit
nous prenons	nous buvons
vous prenez	vous buvez
ils/elles prennent	ils/elles boivent

■ *A Vous!*

9.3

Qu'est-ce qu'ils mangent au petit déjeuner?

Ecoutez et complétez la grille dans votre cahier!

	eats	drinks
André		
Madame Sablon		
Stéphane		
Carole		
Monsieur Ricoeur		

Tick the correct box (check the gender and number of each noun).

	du	de la	de l'	des	
Je mange		X			confiture
					marmelade
					pain
					beurre
					céréales
					miel
Je bois					eau minérale
					thé
					café
					lait
					jus de fruit
					chocolat chaud

9.4

Le petit déjeuner en France.

You will hear the results of a survey on what French people have for breakfast. Before filling in the grid, try to guess the results.

Les Français mangent

58 %: _____

30 %: _____

12 %: _____

Les Français boivent

52 %: _____

25 %: _____

18 %: _____

16 %: _____

Completez dans votre cahier avec le verbe *boire*.
1. Tu ____ du café ou du thé?
2. Je ne ____ pas d'alcool.
3. Madame Durand ____ du vin.
4. Elles ____ de la grenadine.
5. Vous ____ du vin rouge?
6. Ils ____ du jus de fruit.
7. Nous ne ____ pas de lait.
8. J'aime ____ de la limonade.

Completez dans votre cahier avec le verbe *prendre*.
1. Je ____ des céréales avec du lait.
2. Vous ____ du lait?
3. Il ____ des tartines avec du beurre et de la confiture.
4. Tu ____ du sucre dans ton café?
5. Elles ____ du gâteau.
6. Nous ____ de la glace.
7. J'aime ____ du chocolat pour le petit déjeuner.
8. Je ne ____ pas de lait dans mon thé.

Répondez aux questions suivantes.
Qu'est-ce que tu prends au petit déjeuner?
Qu'est-ce que tu bois?

Now ask your partner and report to the class.
Exemples:
Il/elle prend ____
Il/elle mange ____
Il/elle boit ____

Ecoutez et remplissez les blancs dans votre cahier.

9.5
Je m'appelle ____ (1). J'ai ____ (2) ans
et j'habite à Annecy, en Savoie.
Au petit déjeuner, je prends ____ (3)
pain avec ____ (4) beurre et ____ (5)
confiture. Je bois du ____ (6).

9.6

Je m'appelle ____ (1). J'ai ____ (2) ans.
Au petit déjeuner, je ____ (3) des
céréales. Ensuite, je mange ____ (4)
pain avec du ____ (5) et de la ____ (6).
Je bois ____ (7) jus d'orange et du
____ (8).

9.7

Je m'appelle ____ (1). J' ____ (2)
à Rouen, en Normandie. J'adore le
____ (3). Je mange ____ (4) croissants
et ____ (5) pain. Je bois ____ (6) jus
d'orange ou ____ (7) thé.

9.8

Je m'appelle ____ (1). J'ai douze ans.
Au petit déjeuner, je prends ____ (2)
céréales avec une banane et je mange
du ____ (3) et de la ____ (4) . Je n'aime
pas le ____ (5). Je ____ (6) du jus
d'orange.

QUESTIONS

1. Who drinks coffee?
2. Who doesn't like coffee?
3. Who drinks tea?
4. Who eats cereals?
5. Who eats croissants?
6. Who doesn't take butter?
7. Who takes butter?

Lorraine: la quiche
lorraine

Alsace: la choucroute

Toulouse: le cassoulet

Normandie: la caille aux
pommes

Savoie: la fondue savoyarde

Marseille: la bouillabaisse

Bourgogne: les escargots

Locate on the map of France (page vi) all the places mentioned.
Do you know any of these dishes? Would you like to try any of them?
In your opinion, what are the ingredients of each of these dishes?

saumon - porc - saucisson - sole - pâté - pâtes - poulet - mousse au chocolat truite -
camembert - haricots blancs - poire - poulet - carottes - haricots verts - agneau -
salade - salade verte - boeuf - brie - tarte aux pommes - petits-pois - veau -
champignons - glaces - lapin - pommes de terre - choux - choux-fleur - choux de
Bruxelles - frites - pomme - jambon - maquereau - sardines - lasagne - riz-
saucisses

Which of these food items do you already know or recognise?
Classify all these food items under one of the following headings (check their
meaning and gender in the vocabulary section, page 300-302).

viande	poisson	légume	fromage	dessert
le porc	le saumon			

QU'EST-CE QU'ILS AIMENT?

9.9

Listen and fill in the grid.

	starter	meat	fish	vegetables	cheese	dessert
Roger						
Lucie						
Renée						

Regardez et répondez!

Qu'est-ce qu'il y a sur la table?

Qu'est-ce que tu aimes?

Qu'est-ce que tu n'aimes pas?

Qu'est-ce que tu détestes?

AU RESTAURANT

Le dimanche, beaucoup de familles vont au restaurant.

A Paris, il y a 17 000 restaurants!

AU CHAT QUI TOURNE

Soupe à l'oignon
Carottes râpées
Escargots

◆

Saumon
Omelette aux champignons
Poulet Normandie
Côtelettes de Porc

◆

Fromage

◆

Tartes aux fruits
Glaces
Sorbets

CHEZ MARCEL

Oeuf mayonnaise
Jambon de Paris
Champignons à la Grecque

◆

Omelette au fromage
Steak grillé
Poulet

◆

Fromage

◆

Tarte aux pommes
Mousse au chocolat
Crème caramel

LA BELLE EPOQUE

Escargots de Bourgogne
Pâté de campagne

◆

Rôti de boeuf à l'ancienne
Poulet basquaise
Truite aux amandes

◆

Le plateau de fromages

◆

Tarte tatin
Gâteau Forêt Noire
Sorbets et Glaces
Fruits de saison

■ *Ecoutez!*

9.10

You will hear four people ordering food in one of the above restaurants. Listen carefully, note as many foods as you can, and find out in which restaurant each person is dining.

1. _____   3. _____

2. _____   4. _____

Now choose a restaurant and order your own meal, consisting of a starter, main dish, cheese and dessert.
Exemple:
Je choisis le restaurant 'Chez Marcel'. Comme entrée, je prends ____

Now work with your partner. Agree on a restaurant and pick your menu.
Exemple:
Qu'est-ce que tu prends, comme entrée?
Comme entrée, je prends du pâté de campagne. Et toi?
Moi, comme entrée, je prends du pâté. Qu'est-ce que tu prends, comme plat principal?
Comme plat principal, je prends ____

COLLÈGE CHARLES DE GAULLE
MENU DE LA CANTINE
Semaine du 20 au 25 avril

	Entrée	Plat de résistance	Fromage	Dessert	Boisson
lundi	salade verte	rôti de veau, frites	camembert	yaourt	eau minérale
mardi	pâté de foie	steak, haricots verts, pommes de terre	brie	crème caramel	jus de fruit
jeudi	salade de tomate	lapin, riz, petits-pois, boeuf champignon	roquefort	tarte aux pommes	eau minérale
vendredi	sardines	truite meunière, chou, pommes de terre	camembert	fruits	eau minérale

Find out on which days the following are served.
For example, fruit is served on Friday.

apple tart	green salad	cabbage	mushrooms
rabbit	fruit juice	peas	apples
veal	rice	beef	tomato salad
camembert	yoghurt	trout	

 9.11
Ecoutez et completez dans votre cahier!

	starter	main dish	dessert	beverage
Jeanne				
Hervé				
Damien				

QU'EST-CE QU'ILS PRENNENT?

Exemple:

Comme entrée, il prend de la salade de tomates.

Comme plat principal, il prend du poulet, ____

A.

B.

C.

D.

E.

RECETTE: L'IRISH STEW

Faire fondre du beurre dans une casserole. Faire revenir les morceaux de mouton avec les oignons jusqu'à ce qu'ils soient bien dorés. Ajouter les pommes de terre et les carottes ainsi qu'une gousse d'ail. Ajouter une pincée de sel et de poivre. Laisser mijoter pendant au moins 1 h 30. Ajouter le bouquet de persil durant la cuisson. Servir dans la casserole.

QUESTIONS

1. Name the first food item to be placed in the casserole.
2. What are the next two items to be placed in the casserole?
3. How many vegetables are mentioned?
4. Which of the following items is not mentioned in the recipe?
   parsley
   pepper
   parsnips
   garlic
   salt
5. How long does the cooking take?

Now write down all the ingredients needed for Irish stew, IN FRENCH!

Exemple:

Dans l'Irish stew, il y a du beurre, ____

Look again at the French traditional dishes on page 124. Can you find out which of the following ingredients each dish contains?

tripes - poisson - croûtons - choux - beurre - carottes - vin blanc - persil - haricots blancs - fromage - pommes de terre - porc - oeufs - ail - crème fraîche - saucisses

Exemples:

Dans la choucroute, il y a du choux, des pommes de terre, du porc et des saucisses.
Dans le cassoulet, il y a ____

Completez avec le verbe entre parenthèses. Ecrivez dans votre cahier!

Je ____ le ménage. (faire)   Il ____ du café. (boire)
Il ____ à la piscine. (aller)   Tu ____ du thé ou du café? (prendre)
Elle ____ 13 ans. (avoir)   Je ____ mes devoirs. (finir)
Tu ____ français? (être)   Elle ____ une entrée. (choisir)
Je ____ des croissants. (manger)   Je ____ le poulet! (adorer)

Reliez un pronom personnel à un verbe.

1.	je	a.	finit
2.	j'	b.	choisis
3.	tu	c.	choisissons
4.	il	d.	finissent
5.	elle	e.	obéis
6.	nous	f.	réfléchis
7.	vous	g.	finissent
8.	ils	h.	obéit
9.	elles	i.	choisissez

Replace *tu* by *vous*.
Exemple:
Tu as quel âge?
Vous avez quel âge?

Tu vas à l'école?   Tu aimes le français?
Tu prends des carottes?   Tu vas en Espagne?
Tu es irlandaise?   Tu habites où?
Tu bois du chocolat?   Tu obéis à tes parents?
Tu finis à quelle heure?   Tu choisis le poulet?
Tu fais tes devoirs?   Tu te réveilles à quelle heure?

MON LUNDI

Using the following notes, write a report on Pierre's day.

Pierre se réveille à 7 heures cinq ...

 se réveiller

 se laver

 prendre le petit déjeuner (pain, beurre, confiture, croissants, café au lait)

 aller à l'école

 arriver à l'école

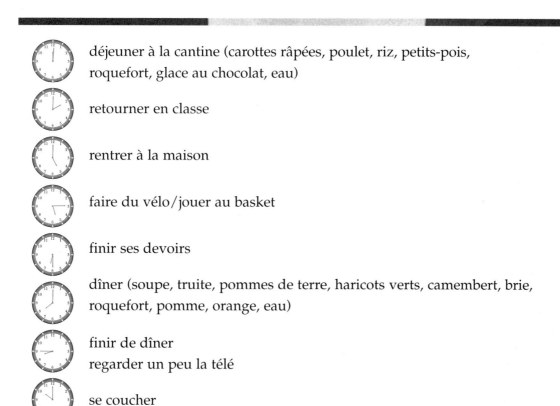

déjeuner à la cantine (carottes râpées, poulet, riz, petits-pois, roquefort, glace au chocolat, eau)

retourner en classe

rentrer à la maison

faire du vélo/jouer au basket

finir ses devoirs

dîner (soupe, truite, pommes de terre, haricots verts, camembert, brie, roquefort, pomme, orange, eau)

finir de dîner
regarder un peu la télé

se coucher

Now write a report about your Monday!
Je me réveille à ...

Prononcez bien!
9.12
opposition oui/huit

'oui' starts with 'ou' (vous)
'huit' starts with 'u' (tu)

Listen to the following words and repeat.

Louis	je suis
lui	Louise
fuite	huit
oui	bruit

9.13
Dictée: écoutez et écrivez!

Paris, le 23 mai

Salut!

Comment ça va? Je suis ton nouveau correspondant. Je m'appelle Patrice. J'ai treize ans. Mon anniversaire est le quatorze avril. Et toi, tu as quel âge? C'est quand ton anniversaire?

Je suis blond et j'ai les yeux bleus. J'habite à Paris, dans le centre ville. Mon père est charpentier et ma mère est employée de bureau. J'ai une soeur et deux frères. Ma soeur s'appelle Sophie, elle a dix-neuf ans. Elle est étudiante à Marseille. Mes frères s'appellent Jérôme et Marc. Jérôme a dix-sept ans et Marc a quinze ans. Ils vont à l'école. Et toi, tu habites où? Tu as des frères et des soeurs?

Mon sport préféré, c'est le foot. Je joue dans le club parisien 'Paris-Saint-Germain'. Le samedi soir, j'aime aller au Parc des Princes. J'aime aussi le basket et je fais de la natation. A la maison, nous avons un chien. J'aime faire des promenades avec Rodo le week-end. Et toi, tu aimes le sport?

Qu'est-ce qu'on mange en Irlande? Moi, pour le petit déjeuner, je mange du pain avec du beurre et de la confiture et je bois un bol de café au lait. Pour le déjeuner, je prends une entrée, un plat principal, du fromage et un dessert et je bois généralement de l'eau. A cinq heures et demie, je mange le goûter (du jus de fruit et du pain avec du chocolat). Le soir, je mange le dîner ou le souper. Nous prenons une entrée, généralement de la soupe. Ensuite, nous prenons un plat principal, du fromage (j'adore!) et un dessert.

Voilà! Ecris-moi bientôt!

Salut!

Patrice

1. How old is Patrice?
2. When is his birthday?
3. What do his parents do?
4. How many brothers and sisters does he have?
5. How old is his sister and what does she do?
6. What is Patrice's favourite sport?
7. Name the club he plays for.
8. What does he do at week-ends?
9. Does he ha⋯
10. What does he usually have for breakfast?
11. What is 'le goûter'?
12. How do you say 'evening meal' in French? (Give 2 ways.)
13. What is the usual starter for the evening meal?
14. How many questions does Patrice ask?

 Write a letter of reply! Answer all of Patrice's questions.

MOTS CROISÉS

Horizontalement:

1. Camembert, roquefort, brie ...
2. Boeuf, poulet, porc ...
3. Spécialité de Lorraine.
4. Bacon et ..., spécialité irlandaise.
5. Spécialité de Bretagne.
6. Dans le cassoulet.
7. Tarte aux ...
8. On mange du ... au petit déjeuner.
9. Dans la choucroute.

Verticalement:
un poisson

RESTAURANT 'CHEZ MARCEL'
34, avenue Kléber, Paris 16ème
Menu à 49 Fr. (service compris)

◆

1 entrée au choix + 1 plat au choix
+ fromage ou dessert

◆

Bouillabaisse de Marseille
Soupe à l'oignon
Pâté (maison)
Oeuf mayonnaise

◆

Filet de boeuf
Poulet basquaise
Côte de porc aux champignons

◆

Plateau de fromage

◆

Glace 3 boules (choix entre vanille,
chocolat, café, fraise, pistache)
Tarte aux pommes
Crème caramel

QUESTIONS

1. In which city is this restaurant located?
2. What price is the menu?
3. What kinds of soup are on offer?
4. Veal is on offer as a main course. True or false?
5. How many flavours of ice cream are there?

Restaurant 'Les Rivages'
5, rue des Loups, 44000 Nantes

ENTRÉES
Quiche au jambon
Moules au vin blanc
12 Escargots de Bourgogne
◆

PLATS
Steak tartare
Escalope de veau
Assiette de fruits de mer
◆

LÉGUMES
Frites
Pommes de terre à l'eau
Haricots verts
Carottes
◆

LE PLATEAU DE FROMAGE
◆

DESSERTS
Choix de glaces et sorbets
Choix de tartes maison
Gâteau Forêt Noire

QUESTIONS

1. Which of the following is **not** listed on the menu?
   a. snails
   b. beef
   c. ice cream
   d. chicken
   e. potatoes

2. Which of the following **is** listed on the menu?
   a. frogs' legs
   b. home-made tarts
   c. French beans
   d. Black Forest gâteau
   e. veal

DIX
QUEL TEMPS FAIT-IL?

■ *Sommaire*

RÉVISION

verbes réguliers (-er) (-ir)
verbes irréguliers
sports et loisirs

COMMUNICATION

parler du temps et des loisirs

LE FRANÇAIS EN CLASSE

Je peux ouvrir la fenêtre?

GRAMMAIRE

verbes réguliers (-re)
écrire/lire

PHONÉTIQUE

liaisons

CIVILISATION

le temps en France
la géographie de la France

■ *Ecoutez et regardez!*

 10.1

Sur la Côte d'Azur, il fait beau.
Il y a du soleil.

En Champagne, il grêle.

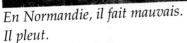

En Normandie, il fait mauvais.
Il pleut.

En Vendée, il y a des nuages.

Dans les Alpes, il neige.

Dans le Nord, il y a du brouillard.

En Bretagne, il y a du vent.

Dans le Pays Basque, il fait 28°. Il fait chaud.

Dans le Jura, il fait 2°. Il fait froid.

En Auvergne, il fait – 2°. Il gèle.

DÉCRIVEZ!

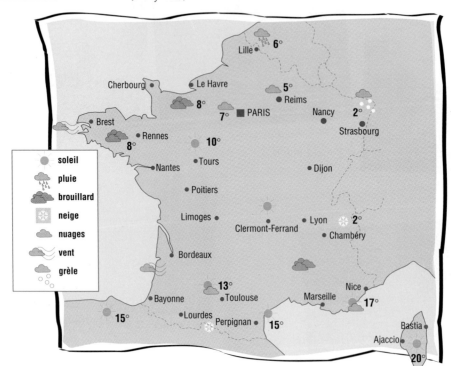

Bourg-Saint-Maurice, le 12 février

Cher Pascal,

Je suis ta nouvelle correspondante française. Je m'appelle Emilie. J'ai treize ans. Mon anniversaire est le quatre décembre. Je suis fille unique. J'habite à Bourg-Saint-Maurice, dans les Alpes. J'adore ma ville! En hiver, il fait très froid (la température descend à –15°!). J'adore faire du ski. Je descends les pistes à toute vitesse! Quand il fait mauvais, je reste à la maison et je lis des livres. Et toi, tu aimes la lecture? L'été, quand il fait beau, je descends dans le Sud, sur la côte d'Azur. Je me baigne dans la mer. Et toi, qu'est-ce que tu fais en été?

J'attends ta lettre avec impatience. Ecris-moi vite!

Emilie

EN FRANÇAIS, S'IL VOUS PLAÎT!

■ *Découvrez Les Règles!*

LES VERBES RÉGULIERS EN -RE (SEE GRAMMAR SECTION, PAGE 288)

What are the endings of regular -**er** verbs? Give examples.

What are the endings of regular -**ir** verbs? Give examples.

What are the endings of regular -**re** verbs? Find two regular -**re** verbs in Emilie's letter and conjugate them fully.

LES VERBES PRONOMINAUX

What is a reflexive verb? Give examples.

Find two reflexive verbs in Emilie's letter.

LES VERBES IRRÉGULIERS

How many irregular verbs do you know?

Ecrire and **lire** are two new irregular verbs which have to be learned off by heart. **Fill in the blank spaces in your copybook.**

écrire			**lire**	
j'	écris		____	l____
____	écris		tu	l____
____	écrit		il/elle	l____
nous	écriv____		____	lisons
____	écrivez		vous	lis____
ils/elles	écriv____		____	lisent

■ *A Vous!*

10.2

Ecoutez et complétez!

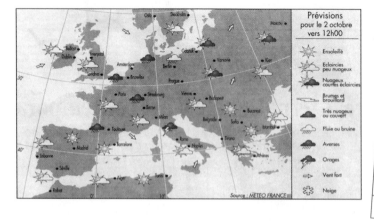

	weather	temperature
Paris		
Dublin		
Londres		
Moscou		
Berlin		
Rome		
Madrid		
Stockholm		
Vienne		

LA MÉTÉO EN EUROPE

Look at the map and ask your partner about the weather in Europe.

Exemple:

Quel temps fait-il à Paris?

A Paris, il fait beau.

Describe the weather in each of the following pictures.

Regardez, lisez, et complétez dans votre cahier!

Look at the picture and read the 4 sentences. Which sentences are correct?

a. Il fait beau.	a. Il grêle.	a. Il fait du vent.
b. Il neige.	b. Il y a du soleil.	b. Il neige.
c. Il y a du soleil.	c. Il y a du brouillard.	c. Il fait froid.
d. Il pleut.	d. Il fait beau.	d. Il y a du brouillard.

a. Il gèle.

b. Il fait mauvais.

c. Il pleut.

d. Il y a des nuages.

a. Il y a du vent.

b. Il fait chaud.

c. Il y a des nuages.

d. Il y a du brouillard.

10.3

Ecoutez et complétez dans votre cahier.

	weather	temperature
Bretagne		
Limousin		
Nord		
Alsace		
Côte d'Azur		
Alsace		

Qu'est-ce que tu fais?

Write a question and an answer for each picture.

Exemple:

Qu'est-ce que tu fais quand il pleut?

Quand il pleut, je vais au cinéma.

1

2

3

4

Find the appropriate expression.
Exemple:
Quand **il pleut**, je reste à la maison.

a. Quand _____, je vais à la plage.
b. Quand _____, elle lit des livres.
c. Quand _____, nous faisons du ski.
d. Quand _____, je ne fais pas de vélo.
e. Quand _____, ils descendent dans le sud.
f. Quand _____, je bois beaucoup d'eau.
g. Quand _____, je ne joue pas au foot.
h. Quand _____, nous faisons du ski.
i. Quand _____, je me baigne.
j. Quand _____, je sors avec des amis.
k. Quand _____, elle fait un barbecue.
l. Quand _____, je bois du chocolat chaud.

5

6

7

Answer the following questions.
Qu'est-ce que tu fais, quand il pleut?
Qu'est-ce que tu fais, quand il fait beau?
Qu'est-ce que tu fais, quand il fait froid?
Qu'est-ce que tu fais, quand il fait chaud?
Qu'est-ce que tu fais, quand il y a du vent?
Qu'est-ce que tu fais, quand il gèle?

Now ask your partner these questions.
Take down the answers and report to the class.
Exemple:
Quand il pleut, il/elle ____

Match a personal pronoun with a verb.

a.	je	lisent le journal.
b.	j'	écrit une lettre.
c.	tu	écris un article.
d.	il	lis un livre.
e.	elle	écris à un correspondant.
f.	nous	écrivent un poème.
h.	ils	lit un magazine.
g.	vous	lisons un roman.
i.	elles	écrivez une lettre.

Find the infinitive of each verb.
Exemple:
J'<u>ai</u> 12 ans. **avoir**

a. Tu <u>manges</u> du gâteau.
b. Je <u>prends</u> mon petit déjeuner.
c. Je <u>fais</u> du vélo.
d. Je <u>vends</u> ma maison.
e. Je <u>descends</u> en ville.
f. Il <u>habite</u> à Paris.
g. Il <u>répond</u> au téléphone.
h. Ils <u>vont</u> à la plage.

i. Elle <u>écrit</u> une lettre.
j. Je <u>lis</u> un livre.
k. Tu <u>as</u> quel âge?
l. Elles <u>sont</u> françaises.
m. J'<u>ai</u> une guitare.
n. Il <u>perd</u> le match.
o. Je <u>bois</u> du café.
p. Je <u>visite</u> le musée.

Reflexive verbs: find the missing pronoun.

a. Je ____ réveille.
b. Elle ____ couche.
c. Tu ____ baignes.
d. Nous____ promenons.

e. Il ____ lave.
f. Je ____ appelle.
g. Je____ baigne.
h. Elles____ couchent.

PRONONCEZ BIEN!

10.4

liaisons with un/mon/ton/son/en

Listen carefully. Is the word 'un' being pronounced in the same way in both columns? Give an explanation.

1.
un père
un menu
un cartable

2.
un ami
un enfant
un âge

Ecoutez et répétez!

un enfant	ton ami	un ami	ton élève
mon âge	son avion	mon autobus	en Amérique

Listen and write in your copy the number of the sentences in which you hear a liaison.

1. en France
2. un frère
3. son avocat
4. un ami
5. son entreprise
6. En avant!
7. en Chine
8. un acteur
9. ton vélo
10. son argent
11. en Espagne
12. mon amour

10.5

Dictée: écoutez et écrivez!

JEUX DE RÔLE

A is on summer holidays in Florida and rings up B in Ireland. A says hello and asks how B is.

B is fine. B enquires about the weather in Florida.

A says the weather is great, sunny. A enquires about the weather in Ireland.

B says the weather is good: rainy and windy from time to time ('de temps en temps').

B asks what A is doing.

A goes swimming, plays volley ball on the beach, goes for walks. Drinks a lot of water and fruit juice. A asks what B is doing. B says that when the weather is good/sunny, he/she goes out with friends, plays basket-ball, goes for walks with the dog. When the weather is bad, B stays at home, reads, watches television.

A and B say goodbye.

Match each text to the appropriate photograph.
Explain your choice.

Salut!
Ici, tout va bien. Je passe de bonnes vacances. Il y a du soleil et il fait chaud. Aujourd'hui, il fait 28°! La mer est derrière la maison. Je me baigne et je fais des promenades avec le chien. Je bois beaucoup d'eau.
   A bientôt!

Bonjour à tous!
Il fait froid, ici! La température descend à -15°. Je vais au musée et je lis beaucoup. Je mange de la soupe et je bois du chocolat chaud.

Salut!
Comment vas-tu? J'adore ce pays. Je fais des promenades dans la campagne, je fais du cheval, je visite la région et je sors avec des amis. Il ne fait pas froid mais il pleut, pleut, pleut!
Dis bonjour à ta famille.

Chers parents,
Je passe de bonnes vacances ici. Le temps est magnifique. Il y a du soleil et il fait chaud. Je fais du ski tous les jours! Je mange de la fondue savoyarde. C'est délicieux!
   A bientôt!

Chers amis,
Pas un nuage à l'horizon. La mer est bleue. Le ciel est bleu. Le temps est exceptionnel. Il fait très chaud. Sur la plage, il y a des cocotiers et des palmiers. C'est super!
Bonjour à tout le monde.

A

B

C

D

E

Imagine you are on a holiday in France. Write 3 postcards (one from Biarritz, one from Normandy and one from the Alps). Write about the weather, the things you do and what you eat and drink.

LES SAISONS

le printemps	l'été	l'automne	l'hiver
mars	juin	septembre	décembre
avril	juillet	octobre	janvier
mai	août	novembre	février

A
La forêt de Compiègne, au nord de Paris.

B
Les Alpes.

C
La campagne normande.

D
Saint-Raphaël, sur la Côte d'Azur.

In which season were these pictures taken?

LES QUATRE SAISONS EN ALSACE

En Alsace, il y a un climat continental. Au printemps, il fait généralement beau. Il y a du soleil, les oiseaux chantent, le ciel est bleu. Il ne fait pas froid.

En été, il fait très chaud (jusqu'à 35°) et le temps est magnifique.

En automne, il pleut, il grêle. Il y a du brouillard et du vent.

En hiver, il neige beaucoup et il fait très froid. La température descend jusqu'à –10°! Il gèle.

Describe the weather conditions in Alsace for each season.
How would you characterise a 'continental climate' in one sentence?

**Write a short passage describing the weather in Ireland for each season.
Mention activities you partake in, depending on the weather.**
Start as follows:

En Irlande, il y a un climat tempéré (climat océanique). Au printemps, ____

DESSINEZ LA CARTE DE FRANCE!

Drawing a map of France like the one below is easy! Follow the steps.

1. Draw a square (12 X 12 cms). Use a pencil!
2. Mark it out in 3 cm squares.
3. Draw the outline of France, including its rivers and towns.
4. Is the map perfect? Draw the coastline and rivers in blue and the borders in black. Mark in the towns.
5. Write the names of towns, rivers and moutains. (Look at the map of France on page vi.)

LE BULLETIN MÉTÉO

10.6

Listen and fill in the blanks in your copybook.

Vous écoutez Radio France. Il est sept heures dix.

Voici le _____ (1) météo. Dans le nord, il fait assez _____ (2) . A Lille, il _____ (3) et il fait mauvais. Dans l'Est, il neige. Il fait _____ (4).Température: _____ (5).

Dans l'Ouest, en Bretagne et en Normandie, il y a du _____ (6). Il fait _____ (7). Dans le _____ (8), il fait beau. Il y a du _____ (9). Température: _____ (10).

Dans les régions de montagne, dans les _____ (11) , les Pyrénées et le Jura, il _____ (12). Température: _____ (13).

Now draw the weather map of France using the following symbols.

soleil   pluie   brouillard   neige

nuages   vent   grêle

10.7

You will hear the weather forecast for 8 towns or areas of France. Listen carefully and fill in the grid.

	area/town	weather	temperature
1.	Paris	cloudy	15°
2.			
3.			
4.			
5.			
6.			
7.			
8.			

Draw the weather map of France!

10.8
Ecoutez!

Le temps a laissé son manteau
De vent, de froidure et de pluie,
Et s'est vêtu de broderie,
De soleil luisant, clair et beau.

Clément Marot

Les sanglots longs
Des violons
De l'automne
Blessent mon coeur
D'une langueur
Monotone.

Paul Verlaine

L'hiver est mort tout enneigé
Dans les jardins et les vergers
Les oiseaux chantent sur les branches
Le printemps clair l'avril léger.

Guillaume Apollinaire

**Choose one of these poems and draw the picture you imagine. Then learn your
poem by heart.**

ONZE

LES CORRESPONDANT(E)S FRANCOPHONES

■ *Sommaire*

RÉVISION
les adjectifs
les verbes au présent

COMMUNICATION
décrire une personne

LE FRANÇAIS EN CLASSE
Je n'ai pas fait mes devoirs.

GRAMMAIRE
les adjectifs au singulier

PHONÉTIQUE
opposition s/z

CIVILISATION
la Francophonie
les bandes dessinées

REGARDEZ!

Locate each of the following places on the map of the world on page 1.

What is the one thing the people living in the following places have in common?

Barrière de corail en Nouvelle-Calédonie.

La fusée européenne Ariane au centre spatial de Kourou, en Guyane.

Des baleines dans le Golfe du Saint-Laurent, au Québec.

Le Grand Palais à Bruxelles.

La Grande Mosquée d'Alger.

L'arrivée de la course automobile 'Paris-Dakar', au Sénégal.

Des zébus à Madagascar, dans l'Océan Indien.

Vignoble de Vevey, près du Lac Léman, en Suisse.

<u>ECOUTEZ PUIS LISEZ!</u>

11.1

Je m'appelle Jean-Marie. J'habite à Nouméa, en Nouvelle-Calédonie. Je suis plutôt grand. J'ai les cheveux noirs. Je suis sportif: je joue au foot dans le club local et je fais de la natation. Je n'aime pas aller à l'école et je déteste faire mes devoirs: je suis paresseux! J'adore les gâteaux, les tartes et le chocolat: je suis gourmand! Je suis plutôt amusant.

11.2

Je m'appelle Laurence. J'habite à Cayenne, en Guyane Française. C'est en Amérique du Sud. Je suis blonde. Je suis assez grande. Je porte des lunettes. Je suis sympathique et sportive. Je suis plutôt paresseuse! A la maison et à l'école, je parle beaucoup: je suis bavarde! Ma mère est ingénieur et mon père est informaticien. Ils travaillent au centre spatial de Kourou.

11.3

Je m'appelle Djamila. J'habite à Oran, en Algérie. Je suis plutôt petite. J'ai les cheveux noirs. Je suis intelligente et ambitieuse. J'aime lire et écouter de la musique. Je collectionne les timbres. Je suis un peu gourmande!

11.4

Je m'appelle Marcel. J'habite à Charleroi, en Belgique. J'ai les cheveux bruns. Je suis assez petit. Je suis sympathique, ambitieux et bavard! J'adore la natation et les BD (les bandes dessinées). Je joue du piano.

COMPREHENSION

Before answering the questions, match each young person with one of the pictures.

Who loves to go swimming?
Who loves reading?
Who plays an instrument?
Who likes to listen to music?
Who collects stamps?
Who doesn't like to go to school?
Who is small?
Who is tall?
Who is greedy?
Who is lazy?
Who is ambitious?
Who is talkative?

EN FRANÇAIS, S'IL VOUS PLAÎT!

Excusez-moi, je n'ai pas fait mes devoirs...

LES ADJECTIFS AU SINGULIER (SEE GRAMMAR SECTION, PAGE 286)

What is an adjective? Give examples of adjectives in English and in French. Then give the definition of an adjective. Find adjectives in the above passages.

Look at the following adjectives. Read the above passages again and find out if these adjectives can be spelled differently. Give an explanation.

petit
grand
bavard

Complete the following rule and learn it off by heart.

An adjective agrees in gender with the ____ or pronoun it describes.

Read again over the passages and find the feminine form of the following adjectives.
sportif
ambitieux
sympathique

Now complete the following rules.
Adjectives ending in ____ (sportif) form their feminine in **ve** (sportive).
Adjectives ending in **x** (ambitieux) form their feminine in ____ (ambitieuse).
Adjectives ending in ____ (sympathique) don't change to form their feminine (sympathique).

■ *A Vous!*

DÉCRIVEZ-VOUS!

Look at the following list of adjectives. Which ones describe you best?
Make sentences. If you are a girl, don't forget to put the adjectives into the feminine!

Exemples:
Je suis grand(e). Je suis amusant(e)

grand	patient	généreux
amusant	paresseux	sympathique
gourmand	sérieux	calme
bavard	courageux	timide
petit	ambitieux	romantique
intelligent	studieux	sportif

Find the feminine form of all the adjectives on the list.
Exemple:
grand – grande

11.5
Ecoutez!

A. Ecoutez et répétez.
1. Il est bavard. Elle est bavarde.
2. Il est grand. Elle est grande.
3. Il est petit. Elle est petite.
4. Il est paresseux. Elle est paresseuse.
5. Il est sportif. Elle est sportive.
6. Il est timide. Elle est timide.

B. Listen carefully and say whether the adjective being read out is masculine or feminine.
Now pick two classmates (one boy and one girl) and describe each of them.
Start as follows:
1. Il est _____
2. Elle est _____

11.6
Ecoutez et remplissez la grille dans votre cahier!

In the following recording, you will hear four young people talking about themselves. Listen carefully and fill in the grid.

	age	hair	eyes	personality
Pierre				
Claudine				
Diane				
Thierry				

MASCULIN OU FÉMININ?
Find out whether a boy or a girl is speaking.
Exemple:
Je suis irlandais. masculine.

a. Je suis grand.
b. Je suis français.
c. Je suis petite.
d. Je suis timide.
e. Je suis irlandaise.
f. Je suis amusante.
g. Je suis blond.
h. Je suis intelligente.
i. Je suis courageux.
j. Je suis sportive.

Reconstituez les mots!
Find adjectives and say whether they are masculine or feminine.
Exemple: bavard = masculine

1.	ba	gent
2.	pa	tif
3.	géné	tieux
4.	intelli	vard
5.	sympa	reuse
6.	tolé	rante
7.	spor	tient
8.	pares	dant
9.	ti	rieuse
10.	opti	seux
12.	ambi	thique
13.	indépen	miste
14.	sé	mide

Now say whether these adjectives apply to you or not.
Exemple:
Je suis bavard(e).
or
Je ne suis pas bavard(e).

Find the appropriate adjective.
1. J'adore le chocolat et les desserts: je suis ____
2. Elle a beaucoup d'ambition: elle est ____
3. Tu aimes beaucoup de football et le ski: tu es ____
4. J'aime dormir et je déteste travailler: je suis ____
5. En classe, nous parlons beaucoup: nous sommes ____
6. Ils font beaucoup d'effort à l'école: ils sont ____
7. Il est de nationalité irlandaise: il est ____
8. Elle est de nationalité française: elle est ____

<u>PRONONCEZ BIEN!</u>
11.7
opposition s/z

Ecoutez et répétez!

dessert	coussin	douce	nous savons	six soeurs
desert	cousin	douze	nous avons	six heures
poisson	basse	ils sont	deux soeurs	ils s'appellent
poison	base	ils ont	deux heures	ils appellent

11.8
Dictée: écoutez et écrivez!

LES BANDES DESSINÉES

En France, les bandes dessinées (BD) sont très populaires. Découvrez ces personnages celèbres!

NATACHA

Natacha, hôtesse de l'air, aime beaucoup voyager.

LES AVENTURES DE TINTIN

 La Castafiore, une amie de Tintin, adore chanter.

Tintin reporter et son chien Milou aiment l'aventure.

Le Capitaine Haddock, un ami de Tintin, est en colère!

Les détectives Dupont et Dupond.

Le professeur Tournesol aime inventer des machines.

Irma est la servante de la Castafiore.

Work with your partner. Look at the following adjectives and use them to describe each of the above characters.

Exemple:
Tintin est assez petit. Il est mince. Il a les cheveux courts et blonds. Tintin a les yeux marron. Il est sympathique, intelligent et courageux.

Now compare your descriptions with those of the other class members.
11.9

Taille	Poids	Cheveux	Yeux	Particularités	Caractère
grand(e)	gros (grosse)	longs	noirs	beau/belle	amusant(e)
assez grand(e)	mince	courts	marron	laid(e)	gourmand(e)
assez petit(e)		noirs	verts	sportif (sportive)	sportif
petit(e)		bruns	bleus	élégant(e)	intelligent(e)
		châtain		porte des lunettes	paresseux (paresseuse)
		roux		porte une moustache	sérieux (sérieuse)
		blonds		porte une barbe	stupide
					ambitieux (ambitieuse)
					studieux (studieuse)
					calme
					sympathique
					timide
					coléreux (coléreuse)
					antipathique
					bavard(e)
					triste
					romantique
					courageux (courageuse)

LES CORRESPONDANTS

Décrivez!

Look at the following pictures and describe each person as best as you can. Guess their age, where they live, their likes/dislikes, their temperament.

Nadia

Emilie

Joseph

Pascal

Suzanne

Ecoutez et complétez la grille dans votre cahier!

	country/town	age	hobbies	personality
Nadia				
Emilie				
Joseph				
Pascal				
Suzanne				

CHOISISSEZ UN(E) CORRESPONDANT(E)

Pick one of the following penpals and write a description of him/her. Then give a presentation of your penpal to your partner. Start as follows:

Il(elle) s'appelle X . Il(elle) a X ans. Il(elle) habite à _____

nom:	Peralta
prénom:	Xavier
âge:	14 ans
adresse:	Maubeuge (dans le Nord de la France)
taille:	assez petit
poids:	assez gros
cheveux:	noirs
yeux:	bleus
caractère:	gourmand, intelligent, amusant
passe-temps:	rugby, cinéma, pétanque, lecture
adore:	les films de science-fiction, les bandes dessinées
déteste:	les films romantiques, les maths, la pluie

nom:	Aubert
prénom:	Caroline
âge:	13 ans
adresse:	Dijon (Bourgogne)
taille:	grande
poids:	mince
cheveux:	blonds
yeux:	verts
caractère:	paresseuse, généreuse, optimiste
passe-temps:	cinéma, lecture, danse
adore:	les films romantiques, le ballet, le théâtre
déteste:	faire le ménage, faire la vaisselle, le foot, les sciences physiques

nom:	Lhomme
prénom:	Fabrice
âge:	15 ans
adresse:	Paris
taille:	petit
poids:	assez mince
cheveux:	bruns
yeux:	bleus
caractère:	bavard, courageux, sportif
passe-temps:	sport, cinéma, lecture
adore:	collectionner les cartes téléphoniques, l'anglais, l'Irlande
déteste:	le chou

nom:	Colbert
prénom:	Patricia
âge:	13 ans
adresse:	Toulon
taille:	petite
poids:	assez mince
cheveux:	noirs
yeux:	marron
caractère:	amusante, bavarde, sportive
passe-temps:	sport, cinéma, musique, lecture
adore:	le piano, les films d'aventure, les BD
déteste:	le chocolat

VRAI OU FAUX?

11.10

Listen to four young people giving a description of themselves and say whether the following sentences are true or false.

A. Joseph
Il a 15 ans.
Il a les cheveux roux.
Il est timide.
Il joue de l'accordéon.
Il adore les maths.

B. Catherine
Elle a les yeux bleus.
Elle a les cheveux blonds.
Elle est sportive.
Elle adore aller au cinéma.
Elle déteste la choucroute.

C. Stéphanie
Elle est française.
Elle est romantique.
Elle est gourmande.
Elle est studieuse.
Elle adore le sport.

D. Antoine
Il a 13 ans.
Il est amusant.
Il a 2 frères.
Il adore la nature.
Il déteste faire la vaisselle.

PRÉSENTEZ-VOUS!

nom: _____
prénom: _____
âge: _____
adresse: _____
taille: _____
poids: _____
cheveux: _____
yeux: _____
caractère: _____
passe-temps: _____
adore: _____
frères et soeurs: _____
profession des parents: _____
animaux: _____

Now form groups and compare your cards.

Write down 6 sentences describing one person in the class. Among these 6 sentences, one has to be false. Read out your description. The class has to guess who you are speaking about.

Exemple:

1. Elle joue du piano.
2. Elle est bavarde.
3. Elle est studieuse.

4. Elle est mince.
5. Elle adore les chats.
6. Elle est timide.

CORRESPONDANCE

Paris, le 4 octobre

Chère Mairead,

Je suis ton correspondant français. Je m'appelle Etienne Petit. J'ai 14 ans. Mon anniversaire est le 25 avril. Je suis assez grand et mince. J'ai les cheveux noirs et les yeux bleus. Mon père est au chômage et ma mère travaille à l'usine. J'ai un frère et une soeur. Mon frère s'appelle Jean et il a 16 ans. Il est généreux et super sympa! Ma soeur s'appelle Mireille. Elle a 12 ans. Elle est petite. Elle est très bavarde!

Moi, je suis sportif: je joue au foot, je fais de la natation et de l'athlétisme. J'aime aussi regarder le foot à la télévision. En hiver, j'adore faire du ski. Je descends les pistes à toute vitesse! L'été, quand il fait beau, je vais sur la côte d'Azur. Je me baigne dans la mer.

Le week-end, je lis des BD (surtout Tintin et Milou) ou je sors avec mes amis. Nous allons au cinéma ou à la piscine. Je suis optimiste et généreux.

A l'école, je suis un peu bavard! Ma matière préférée, c'est l'histoire. C'est une matière intéressante et le prof est sympa. Je déteste les maths. C'est très difficile!

Voilà! Ecris-moi vite et dis-moi tout!

A bientôt!

Etienne

Write a list of the adjectives in the letter and give the noun or pronoun to which each adjective refers.

Exemple:

adjective	noun/pronoun
français	correspondant

1. Where does Etienne live?
2. How old is he?
3. When is his birthday?
4. Give a physical description of Etienne.
5. What do his parents do?
6. Describe Etienne's brother and sister.
7. What are Etienne's hobbies?
8. Where does he go in the winter and summertime?
9. What does he do at week-ends?
10. What is his favourite subject? Why?
11. What subject doesn't he like? Why?
12. Give a detailed description of Etienne's personality.

Ecrivez!

Using the following information, write Mairead's letter of reply to Etienne.

nom:	Phillips
prénom:	Mairead
âge:	14 ans
adresse:	Ballina, Co. Mayo
taille:	petite
poids:	assez mince
cheveux:	bruns
yeux:	bleus
famille:	un frère et une soeur
caractère:	amusante, bavarde, sportive
passe-temps:	camogie, cinéma, musique, lecture
adore:	le violon, Brad Pitt
déteste:	les maths

Ballina, le ...

Cher Etienne,

Jean Valpré, Orléans (15 ans). Je cherche une correspondante irlandaise ou allemande, 14 – 16 ans. Je suis sportif. J'aime le cinéma et la musique. J'ai les cheveux bruns et les yeux verts. Je suis assez grand. Je suis plutôt sympa.

Caroline Lapérouse, Nantes (14 ans). Je cherche un correspondant écossais ou irlandais. J'aime les animaux et je collectionne les timbres. Je suis plutôt grande et mince. J'ai les cheveux blonds et les yeux bleus. Je suis assez paresseuse.

Sophie Dupont, Lille (14 ans). Je cherche un correspondant ou une correspondante de mon âge. J'ai les cheveux et les yeux noirs. Je suis sincère, sympa et sportive. J'aime le basket. Je joue du piano.

Pascal Lantran, Strasbourg (13 ans). Je cherche un(e) correspondant(e) irlandais(e) de mon âge. Je suis un peu timide. J'ai les cheveux roux et les yeux marron. J'adore la musique (tous les types). J'aime faire des promenades à la campagne avec mon chien. J'ai aussi un cheval. Je n'aime pas le foot.

A. COMPREHENSION

1. Who is rather lazy?
2. Who likes animals?
3. Who likes cinema?
4. Who has a dog and a horse?
5. Who has blonde hair?
6. Who doesn't like football?
7. Who has black hair?
8. Who collects stamps?
9. Who has brown eyes?
10. Who likes to go for walks?

B. REPLY TO ONE OF THE ADS. MODEL YOUR LETTER ON THAT OF ETIENNE.

11.11
Poésie

Le coucou
Coucou des bois et des jardins,
J'ai le coeur joyeux, j'ai le coeur tranquille.
Coucou fleuri, coucou malin,
Je viendrai te cueillir demain.
J'ai le coeur joyeux, j'ai le coeur tranquille,
De bon matin.

Robert Desnos

DOUZE

MON ANIMAL PRÉFÉRÉ

■ *Sommaire*

RÉVISION	**GRAMMAIRE**
adjectifs au singulier	les adjectifs au pluriel
COMMUNICATION	**PHONÉTIQUE**
parler des animaux domestiques	adjective endings
LE FRANÇAIS EN CLASSE	**CIVILISATION**
Je ne vois pas le tableau.	les Français et les animaux

■ *Ecoutez!*

12.1

Frédéric: Tu as un animal chez toi?

Carole: Oui, j'ai un chat. Il s'appelle Fripoune.

Frédéric: Il a quel âge?

Carole: Il a trois ans.

Frédéric: Il est de quelle couleur?

Carole: Il est tigré. Il est adorable! Et toi, tu as des animaux chez toi?

Frédéric: Non, je n'en ai pas. Mes parents n'aiment pas les animaux à la maison.

12.2

Marc:	Tu as un animal à la maison?
Anne:	Oui, j'ai un chien. Il s'appelle Vatan.
Marc:	Il est comment?
Anne:	Il est assez petit. Il est blanc et marron. Il est amusant et intelligent. Et toi, tu as des animaux?
Marc:	Oui, j'ai une souris blanche et une perruche. Ma souris s'appelle Speedy Gonzales. Elle est amusante.
Anne:	Et ta perruche, elle est comment?
Marc:	Ma perruche est verte. Elle est très bavarde!

12.3

Quel est ton animal préféré?

J'adore les chiens. Ils sont intelligents, sympas et amusants.

J'aime beaucoup les chats. Ils sont paresseux et ils aiment jouer.

J'adore les poissons rouges. Ils sont calmes et un peu timides.

J'aime les perruches. Elles sont bavardes et paresseuses!

J'adore les tortues. Elles sont timides, paresseuses et très gentilles.

Moi, j'aime les oiseaux, surtout les perroquets. Ils sont bavards et amusants!

J'adore les souris blanches. Elles sont petites et très gourmandes: elles adorent le fromage!

Moi, j'aime les hamsters. Ils sont gentils et sportifs!

EN FRANÇAIS, S'IL VOUS PLAÎT!

LES ADJECTIFS AU PLURIEL (SEE GRAMMAR SECTION, PAGE 286)

What is an adjective? Give a definition and examples.
Write the 8 sentences of section 12.3 in your copy. Underline all the adjectives and circle the nouns or pronouns they refer to.
Exemple: J'adore les chiens. (Ils) sont <u>intelligents</u>, <u>sympas</u> et <u>amusants</u>.

Translate the following sentences into French.
He is amusing. (12.1; 12.2)
She is amusing. (12.1; 12.2)
The dogs are amusing. (12.3)
The budgies are amusing. (12.3)

Why, in your opinion, are there 4 different ways of spelling an adjective in French?

Complete the following rule and learn it off by heart.
    An adjective agrees in ____ and number with the noun or ____ it describes.

As a general rule, these are the endings of adjectives:

	singular	plural
masculine	-	_____
feminine	e	_____

■ *A Vous!*

12.4
Ecoutez et complétez la grille dans votre cahier!
Quatre jeunes Français parlent de leurs animaux.

	animal	age	colour	character
Jean-Marie				
Christine				
Benoît				
Carole				

Reliez!

l'éléphant	Il est bavard.
le lapin	Il mange les souris.
la girafe	Elle est bavarde.
la souris	Il habite dans un aquarium.
le perroquet	Il est le gardien de la maison.
la perruche	Il est très grand et habite en Afrique.
le chat	Il adore les carottes.
la tortue	Elle déteste les chats!
le chien	Elle est très très grande!
le poisson rouge	Elle se déplace lentement.

Pick the appropriate adjective(s) and write the whole sentence in your copy.
Exemple: Mon chien est gentil.

a. Mon chien est	bavard	vert	bleu	gentil
b. J'ai un lapin	blanche	intelligente	timide	blancs
c. Ma tortue est	vert	rouge	bleu	verte
d. J'ai un chat	jaune	tigrée	gentille	tigré
e. Mes chiens sont	noir	noires	noire	noirs
f. J'ai une souris	blanches	gris	verte	blanche
g. J'aime les poissons	roux	rouge	rouges	rousses
h. J'aime les chats	tigrée	tigré	tigrés	tigrées

<u>PRONONCEZ BIEN!</u>

12.5

Ecoutez et répétez.

Il est grand. Ils sont grands.
Elle est grande. Elles sont grandes.

Il est petit. Ils sont petits.
Elle est petite. Elles sont petites.

Il est courageux. Ils sont courageux.
Elle est courageuse. Elles sont courageuses.

Il est timide. Ils sont timides.
Elle est timide. Elles sont timides.

Follow the same pattern for each of the following adjectives. (Give its four possible forms.) Then listen to the tape to see if you were right.

1. amusant	4. gourmand	7. sportif
2. intelligent	5. paresseux	8. stupide
3. calme	6. coléreux	9. bavard

MON ANIMAL

Pick one of the following animals and imagine it is yours. Write a few lines and present your pet to the class.

Exemple:

Animal:	chien
Nom:	Rex
Age:	3 ans
Description:	noir, gros
Caractère:	gentil, intelligent

A la maison, j'ai un chien. Il s'appelle Rex. Il a 3 ans. Il est noir et gros. Rex est gentil et intelligent.

Animal:	chat
Nom:	Kat
Age:	6 mois
Description:	petit, tigré
Caractère:	adorable

Animal:	hamster
Nom:	Tintin
Age:	2 ans
Description:	marron/blanc, gros
Caractère:	amusant

Animal:	lapin
Nom:	Capitaine
Age:	6 mois
Description:	blanc, très petit
Caractère:	gentil, gourmand (adore les carottes)

Animal:	chien
Nom:	Sultan
Age:	7 ans
Description:	blanc/noir, grand, gros
Caractère:	sympa, un peu timide, gourmand (adore le chocolat)

Animal:	souris blanche
Nom:	Maggie
Age:	2 ans
Description:	yeux rouges, très petite
Caractère:	gentille, gourmande (adore le fromage)

DÉCRIVEZ!

Describe the following pets as precisely as you can. Imagine their name, age and character.

A

B

C

D

E

12.6

Ecoutez et remplissez la grille dans votre cahier!

Pierre and Suzanne parlent de leur animaux.

	pet	name	age	colour	character
Pierre					
Suzanne					

JEUX DE RÔLE

1. **A goes to the gendarmerie to report a missing dog. B is the gendarme on duty that day.**
   A says hello.
   B says hello.
   A says he/she has lost his/her dog.
   B asks what colour it is.
   A says it is black and white.
   B asks if it is big.
   A says no, it is small and a little shy.
   B asks for the dog's age.
   A says it is 3 years old.
   B asks for the dog's name.
   A says the dog is called Nat.
   B says they will look for it. (Nous allons chercher ...)
   A says thank you and goodbye.
   B says goodbye.

2. A asks if B has any pets at home.
   B has a cat.
   A asks for the cat's name.
   B says its name is Minou.
   A asks for its age.
   B says it's 8 years old.
   A asks B to describe the cat.
   B says it is white and grey, small and adorable.

3. A asks if B likes pets.
   B likes pets. B loves cats and dogs. B loves dogs because they are intelligent and nice. B says he/she has a dog at home. Its name is Pluto.
   A asks B to describe Pluto.
   B says it is white, big, intelligent and nice.
   B asks if A likes pets.
   A loves pets, especially budgies because they are funny and talk a lot.
   B asks if A has a budgie at home.
   A has a budgie named Wanda which talks a lot and is very funny and greedy.

SONDAGE

Carry out a survey in the class to find out what the most popular pets are. Before starting, read the following instructions very carefully and make sure you follow them step by step.

Step 1.

Answer the following questions in your copy.

Quel est ton animal préféré?

Tu as un animal à la maison?

Step 2.

Form groups of four and appoint one group leader. The group leader asks the group members the following questions individually.

Quel est ton animal préféré?

Tu as un animal à la maison?

Then a group member takes down the answers.

Exemples:

Animaux préférés: les chiens, les ...

Animaux à la maison: 2 chiens, 4 chats ...

Step 3.

Each group leader reports the results to the class.

Exemple:

Teacher: Dans ton groupe, quels sont les animaux préférés?

Group leader: Dans mon groupe, les animaux préférés sont ...

Teacher: Dans ton groupe, qui a un animal à la maison?

Group leader: Dans mon groupe, il y a ...

A pupil writes the overall results on the board.

Exemples:

	animal préféré	animal domestique
chiens	IIIIII	IIIIII
hamsters	II	I
lapins		
chats		
souris blanches		
tortues		
poissons		
oiseaux		
autres		

Step 4.

Discuss the overall results.

What is the most popular pet? Why? In your opinion, would the result be the same elsewhere in Ireland? Would the result be the same in France?

Petit basset vendéen

12.7

Ecoutez et répondez aux questions.

1. Name the three European countries which have the biggest number of pet animals.
2. How many people live in France?
3. In France, there are about 35 million pets. True or false?
4. What is the favourite and most common pet in France?
5. Classify the following pets according to their popularity in France.
   cats – dogs – rabbits – turtles – birds – hamsters – fish – white mice

   1. _____   5. _____
   2. _____   6. _____
   3. _____   7. _____
   4. _____   8. _____

DÉCRIVEZ!

Attention Chien méchant!

1

Les chiens sont gros. Ils sont ____

2

3

4

5

 12.8

Interview

Listen to Florence describing herself and fill in the following form.

nom: _____

âge: _____

anniversaire: _____

adresse: _____

yeux: _____

cheveux: _____

sports pratiqués: _____

passe-temps préférés: _____

matière préférée: _____

frères et soeurs: _____

animaux: _____

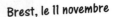

Brest, le 11 novembre

Cher Adrian,

Je suis ta nouvelle correspondante française. Je m'appelle Florence. J'ai quatorze ans. Mon anniversaire est le 17 avril. J'habite à Brest, en Bretagne. J'ai les cheveux bruns et les yeux verts. Je suis assez grande. Je suis un peu timide. Et toi, tu es grand ou petit? Tu as les yeux et les cheveux de quelle couleur?

Je suis très sportive: je fais de l'athlétisme et je joue au basket dans le club local. Tu aimes le sport?

Comme passe-temps, j'aime lire et écouter de la musique. Le week-end, je sors avec mes amies. Nous allons au cinéma ou à la plage. Quels sont tes passe-temps?

J'aime bien aller à l'école mais je déteste les maths. Je suis assez paresseuse! Ma matière préférée est l'anglais parce que c'est intéressant et le prof est sympa. Et toi, quelle est ta matière préférée?

Mes parents sont stricts mais généreux. Mon père est chômeur et ma mère travaille dans une usine. Je suis fille unique. Et toi, tu as des frères et des soeurs? Qu'est-ce qu'ils font tes parents?

Ma meilleure copine s'appelle Caroline, elle est super sympa! Elle est petite et mince. Elle a les cheveux bruns et les yeux bleus. Comment s'appelle ton meilleur copain? Il est comment?

J'adore les animaux. A la maison, j'ai deux chiens, un chat et une perruche! Mes chiens s'appellent Pol et Nestor. Ils sont noirs et blancs. Ils sont très intelligents. Mon chat s'appelle Rouxy. Il est roux. Mon chat est très paresseux! Ma perruche s'appelle Parlotte: elle est bavarde! Et toi, tu as des animaux chez toi?

Ecris-moi vite!

A bientôt

Salut

Florence

Find all the adjectives and give their gender and number.
Exemple:
nouvelle (feminine singular)
What questions does Florence ask?

Imagine Florence wrote to you. Write a letter of reply. Answer all her questions!

12.9
Ecoutez et répétez!

un cochon

une vache

un mouton

un cheval

une chèvre

une poule

un âne

Give your opinion on these animals. Then describe them using as many adjectives as you can. Don't forget that adjectives have to agree with the noun they refer to!

Exemple:

Est-ce que tu aimes les moutons?

Oui, j'aime bien les moutons. Ils sont blancs. Ils sont adorables, gentils et calmes.

J'adore	adorable, amusant, gentil/méchant
J'aime beaucoup	intelligent/stupide
J'aime bien	propre/sale
Je n'aime pas	petit/grand, gros
Je déteste	nerveux/calme, paresseux

1. Tu aimes les vaches?
2. Tu aimes les cochons?
3. Est-ce que tu aimes les chevaux?
4. Est-ce que tu aimes les poules?
5. Tu aimes les chèvres?
6. Tu aimes les ânes?

QU'EST-CE QU'ILS MANGENT?

Match one element of each column and make a sentence.

Exemple:

Le chien mange de la viande et des os.

Le chien		du poisson.
Le chat		du lait.
Le cheval		de la viande.
Le hamster		des légumes.
La souris blanche	mange	du foin.
La tortue	boit	de l'herbe.
La vache		des graines.
La perruche		de la laitue.
Le dauphin		des os.

PETITES ANNONCES

Trouvé le 17/3 à Bougival chatte burmese (de type siamois). Porte collier marron. Tatouée oreille AH5151. Récompense. Urgent. Tel: 30.82.03.54.

Trouvé petit chiot noir à Vincennes. Collier rouge. Prendre contact au 40.05.95.33. Heure des repas.

A donner portée de huit chatons tigrés. Nés le 24/4. Pas de pédigré. Urgent. Banlieue de Nantes. Tel: 45.54.22.88.

A vendre chiot dalmatien. Pédigré certifié. Vaccinations effectuées. Prix à débattre. Tel: 52.66.95.12.

Qui a vu Mistigri? Petit chat noir et blanc tatoué OZ1238. Perdu le 22/3 secteur Bastille à Paris. Prendre contact au Café des Sports, rue Keller (XIe). Tel: 42.25.97.52.

Trouvé chien type berger allemand dans la forêt domaniale de Fontainebleau. Prière de se manifester d'urgence au 60.77.91.91.

Garde chiens et chats (poissons, oiseaux...) pendant vacances. 25 F par jour. Vaste jardin. Expérience des animaux. Tel: 60.52.64.66.

What number would you ring:
1. If you had found a black and white cat?
2. If you wanted to buy a kitten?
3. If you had lost a cat?
4. If you had lost a black puppy?

5. If you wanted your pet to be cared for during the holidays?
6. If you wanted to buy a puppy?
7. If you had lost a German shepherd dog?

POÈMES

12.10

Listen to these poems by Robert Desnos.

Choose one and learn it off by heart. You could also draw a picture!

L'Ours
Le grand ours est dans la cage,
Il s'y régale de miel.
La grande ourse est dans le ciel,
Au pays bleu des orages.

La Girafe
La girafe et la girouette,
Vent du sud et vent de l'est,
Tendent leur cou vers l'alouette,
Vent du nord et vent de l'ouest.

Le Coucou
Voici venir le mois d'avril,
Ne te découvre pas d'un fil.
Ecoute chanter le coucou!

Voici venir la Saint-Martin,
Adieu misère, adieu chagrin,
Je n'écoute plus le coucou.

TREIZE

QU'EST-CE QUE TU AS FAIT?

■ *Sommaire*

RÉVISION

le présent

COMMUNICATION

parler au passé
parler des petits boulots

LE FRANÇAIS EN CLASSE

J'ai fini.

GRAMMAIRE

le passé composé avec avoir

PHONÉTIQUE

lettres muettes

CIVILISATION

le week-end des jeunes en France
les petits boulots

■ *Ecoutez!*

13.1

Salut! Je m'appelle Sylvie. J'ai 13 ans. J'habite à Deauville, en Normandie. C'est au bord de la mer. Le week-end, je fais beaucoup de choses! Je fais la grasse matinée puis je prends mon petit déjeuner. Je mange des tartines et je bois du chocolat. Quand il fait beau, je travaille dans le jardin. Je tonds la pelouse. L'après-midi, je nage dans la mer ou je joue au tennis avec mes amis (je perds souvent!).

Quand il pleut, je reste à la maison ou je rends visite à des amis. Nous allons au cinéma ou à la bibliothèque. Le soir, je lis des livres, je regarde la télé, et bien sûr, je finis mes devoirs.

13.2

Stéphanie: Salut, Paul!

Paul: Salut, Stéphanie! Comment vas-tu?

Stéphanie: Bien, merci. Qu'est-ce que tu as fait pendant le week-end?

Paul: Hier, j'ai fait la grasse matinée puis j'ai pris mon petit déjeuner avec ma famille. Ensuite, j'ai travaillé dans le jardin et j'ai tondu la pelouse. Après, j'ai rendu visite à Pierre. Nous avons joué aux cartes. J'ai perdu! Nous avons aussi nagé dans la mer. A midi, j'ai déjeuné chez Pierre. J'ai mangé du poulet Normandie et j'ai bu de la limonade. L'après-midi, j'ai lu une BD. Le soir, j'ai préparé le dîner, j'ai fini mes devoirs et j'ai regardé la télé.

Stéphanie: Tu as vu le match?

Paul: Non, j'ai regardé le film.

EN FRANÇAIS, S'IL VOUS PLAÎT!

J'ai fini!

Je n'ai pas fini!

PASSÉ COMPOSÉ AVEC AVOIR (SEE GRAMMAR SECTION, PAGE **288-89**)

How is the **passé composé** formed?

Read again over sections 13.1 and 13.2.

Find the present and **passé composé** of all the following infinitives.

Infinitif	Présent	Passé composé
faire	je fais	j'ai fait
prendre	je prends	j'ai pris
manger		
boire		
travailler		
tondre		
rendre		
jouer		
perdre		
nager		
déjeuner		
regarder		
préparer		
finir		
lire		

The **passé composé** is made up of two parts. True or false? Explain your choice.
Conjugate the following verbs in the **passé composé**.

manger				**faire**		
j'	ai	mangé		j'	____	fait
tu	as	mangé		tu	____	____
il/elle	a	____		il/elle	____	fait
nous	____	____		nous	____	fait
vous	avez	mangé		vous	____	____
ils/elles	____	mangé		ils/elles	ont	____

Complete this rule:

passé composé = present tense of ____ + past participle

How are past participles formed?

Read again over passage 13.2 and find the past participles of the following verbs.

a. manger: b. finir: c. rendre:

    préparer: perdre:

    regarder: tondre:

Complete these rules and learn them off by heart.

The past participle of regular **-er** verbs = ____

The past participle of regular **-ir** verbs = ____

The past participle of regular **-re** verbs = ____

The following verbs have irregular past participles which have to be learned off by heart.

avoir: eu   lire: ____

faire: ____   boire: ____

prendre: ____   voir: ____

écrire: écrit

☐ *A Vous!*

QU'EST-CE QU'ILS ONT FAIT?

13.3

Trois jeunes racontent leur week-end. Ecoutez et notez la bonne réponse dans votre cahier.

	Laurence	Pascale	Paul
1. J'ai fait la grasse matinée.			
2. J'ai joué au basket.			
3. J'ai joué au football.			
4. J'ai fait du vélo.			
5. J'ai rendu visite à des amis.			
6. J'ai nagé.			
7. J'ai lu.			
8. J'ai préparé le dîner.			
9. J'ai regardé la télévision.			
10. J'ai vu le match.			
11. J'ai fini mes devoirs.			

Et toi, qu'est-ce que tu as fait, le week-end dernier?

Mention four activities you enjoyed during the week-end. Then ask your partner what he/she did.

Match a personal pronoun with the appropriate verb.
Exemple:
J'**ai chanté** une chanson.

J'	**avons joué**	au foot.
Tu	**a mangé**	du poulet?
Il	**ai chanté**	une chanson.
Elle	**ont dansé**	une valse.
Nous	**a fait**	la vaisselle?
Vous	**ont lu**	un bon livre.
Ils	**avez vu**	le match?
Elles	**as regardé**	la télé.

Match one element of each column and finish the sentence.

Hier soir	elles	ai	joué	_____
Hier après-midi	il	avez	fait	_____
Le week-end dernier	nous	a	lu	_____
Jeudi dernier	j'	avons	regardé	_____
Mercredi	vous	as	mangé	_____
Ce matin	tu	ont	gagné	_____

In each of the following sentences:
a. underline the verb in present tense;
b. find the infinitive and past participle of the verb;
c. rewrite the sentence in the **passé composé** and underline the verb in the **passé composé**.

Exemple:
a. Pierre joue au foot.
b. infinitif: jouer ; participe passé: joué
c. Pierre a joué au foot.

1. Pierre joue au foot.
2. Je prépare le dîner.
3. Elle lave la voiture.
4. Nous mangeons des escargots de Bourgogne.
5. Elles rangent la maison.
6. Je finis mes devoirs.
7. Qu'est-ce que vous faites?
8. Elle dort.
9. Je mange une mandarine.
10. Il choisit un gâteau.
11. Nous dînons au restaurant.
12. Tu joues au foot?
13. J'adore ce film.
14. Ils aiment les films d'aventure.
15. Vous réparez les vélos.
16. Qu'est-ce que tu fais?
17. Je rencontre des amis.
18. Tu ranges ta chambre?
19. Le PSG gagne le match.
20. Le comté de Wicklow perd le match.
21. Il écoute des cassettes.
22. Elle descend à la plage.

Complétez dans votre cahier avec l'auxiliaire *avoir*.

Je m'appelle Marie-Louise. J'habite en Savoie. Samedi après-midi, j'____ (1) fait du ski. Le soir, j'____ (2) préparé le dîner pour la famille. Nous ____ (3) mangé de la fondue savoyarde. Dimanche, j' ____ (4) rendu visite à Rémy. Nous ____ (5) joué aux cartes. Rémy ____ (6) gagné! Dimanche soir, mes parents ____ (7) regardé la télévision. Moi, j'____ (8) lu et j'____ (9) fini mes devoirs.

COMPREHENSION (ANSWER IN ENGLISH)

1. What is the girl's name?
2. Where does she live?
3. What did she do on Saturday afternoon?
4. What did the family have for dinner?
5. Who did she visit on Sunday?
6. What did they do? Who won?
7. What did her parents do on Sunday evening?
8. What did she do?

 Complétez dans votre cahier avec un participe passé.

Je m'appelle Pierre. J'habite à Saint-Tropez, sur la Côte d'Azur. Samedi matin, j'ai ____ (1) (faire) la grasse matinée. L'après-midi, j'ai ____ (2) (rencontrer) Patrick. Nous avons ____ (3) (nager) et nous avons ____ (4) (jouer) au volley sur la plage. J'ai ____ (5) (gagner)! Samedi soir, après le dîner, j'ai ____ (6) (faire) la vaisselle et j'ai ____ (7) (finir) mes devoirs. Ensuite, j'ai ____ (8) (lire) un chapitre de mon livre et j'ai ____ (9) (écouter) une cassette.

1. Comment il s'appelle?
2. Il habite où?
3. Qu'est-ce qu'il a fait samedi matin?
4. Samedi après-midi, il a rencontré qui?
5. Qu'est-ce qu'ils ont fait?
6. Qui a gagné?
7. Qu'est-ce qu'il a fait samedi soir?

Complétez avec les verbes suivants:

finir – faire – regarder – rendre visite – lire –
préparer – manger – boire

Je m'appelle Sylvie. J'habite à Guéret, dans le
Limousin. Samedi, j' ____ ____ (1) le petit
déjeuner. J'____ ____ (2) des tartines et
j'____ ____ (3) du café au lait. L'après-midi,
j'____ ____ (4) à ma copine. Nous ____ ____ (5)
du vélo. A sept heures, j'____ ____ (6) mes
devoirs. Ensuite, ____ ____ (7) un livre et
j'____ ____ (8) la télévision.

COMPRÉHENSION (RÉPONDEZ EN FRANÇAIS)

1. Elle s'appelle comment?
2. Elle habite où?
3. Qu'est-ce qu'elle a fait samedi matin?
4. Qu'est-ce qu'elle a mangé au petit déjeuner?
5. Qu'est-ce qu'elle a bu?
6. Qu'est-ce qu'elle a fait samedi après-midi?
7. Qu'est-ce qu'elles ont fait?
8. Qu'est-ce qu'elle a fait à sept heures?
9. Qu'est-ce qu'elle a fait samedi soir?

13.4

Ecoutez et remplissez les blancs dans votre cahier!

Qu'est-ce que tu as ____ hier?
J'ai ____ au tennis avec Laura.
Tu ____ gagné ou tu ____ ____?
J'____ ____! Et toi, qu'est ce que tu ____ ____ hier?
J'____ ____ dans le jardin. Hier soir, j' ai ____ mes devoirs et j'____ ____ la
télévision.
Tu ____ ____ le match?
Non, j'____ ____ un film.

Now practise the dialogue with your partner!

Put the verb in brackets in the **passé composé**. Then read the dialogues with your partner.

Exemple:

Qu'est ce que tu as fait hier soir? (faire mes devoirs)

J'ai fait mes devoirs.

Qu'est-ce que tu as fait le week-end dernier? (faire du tennis, gagner)

Qu'est-ce que tu as fait dimanche dernier? (jouer au foot, perdre)

Qu'est-ce que tu as fait samedi matin? (faire la grasse matinée)

Qu'est-ce que tu as fait le week-end dernier? (faire une promenade, écouter de la musique)

Qu'est-ce que tu as fait vendredi soir? (lire une bande dessinée)

Qu'est-ce que tu as fait le samedi dernier? (rendre visite à des amis)

Qu'est-ce que tu as fait samedi après-midi? (visiter le Connemara)

Qu'est-ce que tu as fait à 8 heures? (prendre le petit déjeuner)

Qu'est-ce que tu as mangé à midi? (manger un sandwich, boire du lait)

Tu as regardé la télé, hier soir? (oui, voir le film)

Regardez les images et répondez à la question.

Exemple:

Qu'est-ce que tu as fait, samedi?   Samedi, j'ai nagé dans la piscine.

Qu'est-ce qu'elles ont fait, le week-end dernier?

Qu'est-ce qu'il a fait, dimanche?

Qu'est-ce que tu as fait, hier soir?

Qu'est-ce que vous avez fait, samedi?

Qu'est-ce que vous avez fait, mercredi dernier?

PRONONCEZ BIEN!

13.5

lettres muettes

A. Ecoutez et répétez!

1. Elle mange.	Elle a mangé.
2. Tu écris.	Tu as écrit.
3. Je fais.	J'ai fait.
4. Il achète.	Il a acheté.
5. Je finis.	J'ai fini.

B. Listen to the tape and find the sentence that is being read out. The first exercise has been done as an example.

1. a. Je mange. b. <u>J'ai mangé.</u>
2. a. Je finis. b. J'ai fini.
3. a. Je joue. b. J'ai joué.
4. a. Je regarde. b. J'ai regardé.

5. a. Elle a écouté.   b. Il écoute.   c. Il a écouté.
6. a. Il danse.   b. Elle a dansé.   c. Elle danse.
7. a. Tu écris.   b. Tu as écrit.   c. Il a écrit.
8. a. J'ai lu.   b. Je lis.   c. J'ai vu.

JEUX DE RÔLE

1. A asks B what he/she did yesterday.
    B says he/she read a book and went cycling.
    B asks A what he/she did yesterday.
    A says he/she played football.

2. A asks B what he/she ate for lunch yesterday.
    B says chicken with rice.
    B asks A what he/she ate.
    A says beef, potatoes and carrots.

3. A asks if B watched television last night.
    B says yes, he/she watched television. B saw the film.
    B asks A what he/she did during the week-end.
    A says he/she played basket-ball and lost.

4. A asks B what he/she did during the week-end.
    B visited a friend and read a book.
    B asks A what he/she did during the week-end.
    A worked in the garden, mowed the lawn and finished his/her homework.

LES PETITS BOULOTS

Je m'appelle Renée. J'ai quinze ans. J'habite à Chambéry, dans les Alpes. Le week-end dernier, j'ai travaillé: j'ai pris mon vélo et j'ai distribué des journaux. J'ai gagné soixante-dix francs. Avec mon salaire, j'ai acheté un disque.

Je m'appelle Pascal. J'habite à Metz, dans l'est de la France. J'ai seize ans. Le week-end dernier, j'ai travaillé dans le jardin avec mes parents. J'ai tondu la pelouse, j'ai coupé les roses et j'ai cultivé des légumes. J'ai reçu cinquante francs d'argent de poche. Avec l'argent de poche, j'ai vu un film au cinéma et j'ai acheté des bonbons.

Je m'appelle Dominique. Je n'ai pas de petit boulot mais je travaille beaucoup! Le week-end dernier, j'ai aidé mes parents à la maison. J'ai fait la vaisselle, j'ai rangé les chambres et j'ai fait les courses. Mes parents me donnent quarante francs d'argent de poche par semaine. Samedi dernier, j'ai acheté un livre.

Je m'appelle Claude. J'ai quatorze ans. J'habite à Fréjus, sur la Côte d'Azur. Le week-end dernier, j'ai fait du baby-sitting pour les voisins. Le bébé a dormi tout de suite! J'ai fini mes devoirs. Ensuite, j'ai regardé la télé et j'ai bu un verre de limonade. J'ai gagné quarante francs. J'ai économisé mon argent.

ACTIVITÉS

Match each text with a picture. Then read the passages again and answer the following questions.

What did Claude do while baby-sitting?
How did Dominique help his parents?
Who went cycling during the week-end?
List three jobs Pascal did in the garden.
Who saved his/her money?
Who received 40 francs pocket money?
Who received the most money?

Rewrite Pascal's and Claude's passages using the third person. Start as follows:
a. Il s'appelle Pascal. Il habite à Metz, dans l'est de la France. ...
b. Elle s'appelle Claude. Elle a quatorze ans ...

13.6

INTERVIEW

Ecoutez et remplissez la grille dans votre cahier!

Trois jeunes parlent de leur travail du week-end.

	type of work	money received	how it was spent
Isabelle			
Juliette			
Hervé			

LE WEEK-END DE PATRICIA

A. **Raconte le week-end de Patricia au passé composé à la première personne du singulier.**
    You could work with your partner and share the work!
    Exemple:
    Vendredi soir, j'ai fait du baby-sitting pour les voisins. J'ai regardé un film à la télévision _____

vendredi

soir: faire du baby-sitting pour les voisins – regarder un film à la télévision – lire un magazine – gagner 50 francs

samedi

matin: faire la grasse matinée – préparer le petit déjeuner – faire un jogging
midi: manger du rôti de porc aux champignons – boire de l'eau
après-midi: faire la sieste – acheter un jean – rendre visite à Sophie – discuter – jouer au ping-pong
soir: faire mes devoirs – dîner – danser

dimanche

matin: aider mes parents dans la cuisine
midi: déjeuner en famille
après-midi: faire une promenade avec le chien – lire un livre – finir mes devoirs
soir: regarder un film à la télé – lire un magazine – téléphoner à ma copine

B. **Ecrivez le texte au passé composé à la 3ème personne du singulier.**
    Exemple:
    Vendredi soir, elle a fait du baby-sitting pour les voisins et elle a regardé la télévision ...

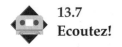

13.7

Ecoutez!

Isabelle, Fabrice et Christophe racontent leur week-end.

Copy the following grid into your copybook. Then listen to the tape and fill in the grid. You could work with your partner and share the work!

	samedi matin	samedi aprés-midi	samedi soir	dimanche matin	dimanche après-midi	dimanche soir
Isabelle						
Fabrice						
Christophe						

Qui a fait quoi?

Carry out a survey in the class to find out what your classmates did during the week-end. Before starting, read the following instructions very carefully and make sure you follow them.

Step 1.
Answer the following questions in your copy (the first four anwers are given as examples).
Tu as fait la grasse matinée? Non.
Tu as fait tes devoirs? Oui, j'ai fait mes devoirs.
Tu as travaillé à la maison? Oui, j'ai fait le ménage.
Tu as travaillé dans le jardin? Non.
Tu as fait du baby-sitting?
Tu as distribué des journaux?
Tu as travaillé autre part?
Tu as regardé la télévision?
Tu as vu un film au cinéma?
Tu as lu?
Tu as fait du sport? (préciser le type de sport)
Tu as joué d'un instrument? (préciser le type d'instrument)
Tu as fait une promenade?
Tu as rendu visite à des amis?
Tu as dansé?
Tu as écouté de la musique?

Step 2.

Form groups of four or five and appoint one group leader. The group leader asks each group member the above questions. One group member writes the answers in a grid.

Exemple:

Tu as fait la grasse matinée?	I
Tu as fait tes devoirs?	IIII
Tu as travaillé à la maison?	II
Tu as travaillé dans le jardin?	I

The group then summarises the overall result. Each member takes down the results.

Exemple:

Dans le groupe

une personne a fait la grasse matinée.

quatre personnes ont fait leurs devoirs.

deux personnes ont travaillé à la maison.

une personne a travaillé dans le jardin.

Step 3.

A group member reports the results to the class.

Exemple:

Dans mon groupe

une personne a fait la grasse matinée.

quatre personnes ...

A pupil writes the overall results on the board. Each pupil writes the results in his/her copy.

Step 4.

Discuss the overall results.

What is the most common pastime?

Do you read a lot?

Is sport popular? What type of sports do you enjoy?

What kind of work is most common?

In your opinion, would the results be the same in France?

SONDAGE

13.8

Le week-end des jeunes en France.

Nous avons posé la question suivante à de jeunes Français: 'Qu'est-ce que tu as fait le week-end dernier?'

Ecoutez et écrivez les résultats en pourcentage dans votre cahier.

%	Activité
	ont fait la grasse matinée.
	ont fait leurs devoirs.
	ont travaillé à la maison.
	ont travaillé dans le jardin.
	ont fait du baby-sitting.
	ont distribué des journaux.
	ont regardé la télévision.
	ont vu un film au cinéma.
	ont lu un livre, une BD ou un magazine.
	ont fait du sport.
	ont joué d'un instrument.
	ont fait une promenade.
	ont rendu visite à des amis.
	ont dansé.
	ont écouté de la musique.

CHANTEZ!

13.9

Before listening to the song and singing it, find the infinitive of each of the following regular past participles. Then look up their meaning in the vocabulary section.

Exemple:

allé: infinitive = aller = to go

allé

resté

passé

monté

descendu

entré

sorti

arrivé

parti

REFRAIN

Il court, il court, le furet, le furet du bois, Mesdames
Il court, il court, le furet, le furet du bois joli.

Il <u>est arrivé</u> par là, le furet du bois, Mesdames
Il <u>est passé</u> par ici, le furet du bois joli.

Il court, il court, le furet, le furet du bois, Mesdames
Il court, il court, le furet, le furet du bois joli.

Il <u>est entré</u> par ici, le furet du bois, Mesdames
Il <u>est sorti</u> par ici, le furet du bois joli.

Il court, il court, le furet, le furet du bois, Mesdames
Il court, il court, le furet, le furet du bois joli.

Il <u>est descendu</u> par là, le furet du bois, Mesdames
Il <u>est monté</u> par ici, le furet du bois joli.

Il court, il court, le furet, le furet du bois, Mesdames
Il court, il court, le furet, le furet du bois joli.

Il <u>est allé</u> par ici, le furet du bois, Mesdames
Il <u>est allé</u> par ici, le furet du bois joli.

Il court, il court, le furet, le furet du bois, Mesdames
Il court, il court, le furet, le furet du bois joli.

QUATORZE
VACANCES EN FRANCE

■ *Sommaire*

RÉVISION

passé composé avec avoir
adjectifs

GRAMMAIRE

passé composé avec être
l'imparfait (c'était ...)

COMMUNICATION

parler des vacances

PHONÉTIQUE

opposition bord/beau

LE FRANÇAIS EN CLASSE

J'étais chez le docteur.

CIVILISATION

les régions touristiques de France
les Français et les vacances

■ *Ecoutez!*

14.1

Le lac de Vassivière est situé dans le département de la Creuse, dans le centre de la France. C'est à la campagne. On peut pêcher, nager, faire des promenades, faire de la voile, faire de l'équitation ou tout simplement découvrir la région qui est magnifique en été. On peut aussi visiter des châteaux, des abbayes ou des villages pittoresques.

 14.2

La Vallée de Chamonix, dans les Alpes, est une destination de vacances idéales pour les adolescents qui aiment l'aventure. On peut faire du vtt dans la montagne, des randonnées, de l'escalade. On peut aussi nager dans les lacs, participer à des jeux et découvrir la région à pied ou en minibus.

14.3

Biarritz est situé dans le Pays Basque, à la frontière avec l'Espagne. En été, la plage est le rendez-vous des surfers. A Biarritz, on peut faire du surf, mais aussi de la voile ou de la planche à voile. On peut regarder des matchs de pelotes basques et visiter la région.

14.4

Nice est situé sur la Côte d'Azur. C'est la région la plus touristique de France. On peut nager. On peut faire du ski nautique, de la planche à voile, de la plongée sous-marine. On peut aussi admirer le soleil couchant autour d'un feu de camp!

14.5

La Bretagne est le paradis des jeunes qui aiment la mer. On peut nager et jouer au volley sur la plage. On peut aussi faire de la voile et découvrir les mille paysages de la Bretagne: les villages pittoresques, les festivals, les châteaux et abbayes. On peut aussi manger des crêpes délicieuses!

A. Locate each place on the map of France on page vi.

B. Which place is located
at the seaside?
in the mountains?
in the countryside?

C. What activities are on offer
in Creuse?
in Chamonix?
in Biarritz?
on the French Riviera?
in Brittany?

D. Imagine you spent last summer in one of the places mentioned above. Write a short passage in the *passé composé* describing what you did.
Start as follows:
Pendant les grandes vacances, j'ai visité ...

■ *Ecoutez!*

14.6

Laura:	Tu es allé où pendant les vacances?
Pierre:	Je suis allé à Douarnenez, en Bretagne.
Laura:	Tu es parti quand?
Pierre:	Je suis parti le 5 juillet.
Laura:	Tu es resté combien de temps?
Pierre:	Je suis resté trois semaines.
Laura:	Et qu'est-ce que tu as fait?
Pierre:	J'ai fait de la voile, je suis allé à la plage et j'ai nagé.
Laura:	C'était comment?
Pierre:	C'était super!

14.7

Joseph:	Pendant les grandes vacances, tu es allée où, Suzanne?
Suzanne:	Je suis allée sur la Côte d'Azur, à Nice. C'était génial!
Joseph:	Tu es partie quand?
Suzanne:	Je suis partie le premier août.
Joseph:	Qu'est-ce que tu as fait?
Suzanne:	Bien sûr, j'ai nagé dans la mer. Je suis descendue à la plage tous les jours. J'ai rencontré des amies très amusantes.
Joseph:	C'était bien?
Suzanne:	Oui, c'était chouette!
Joseph:	Tu es restée combien de temps?
Suzanne:	Je suis restée un mois.

14.8

Antoine:	Tu es partie pendant les vacances?
Angèle:	Non, je ne suis pas partie. Je suis restée ici, en Alsace.
Antoine:	Tu as travaillé?
Angèle:	Non, je n'ai pas travaillé. Je suis allée dans un centre aéré.
Antoine:	C'était comment?
Angèle:	C'était super! J'ai fait des randonnées en montagne, j'ai participé à des jeux et j'ai visité la région. J'ai rencontré beaucoup de copains et de copines. C'était chouette! Et toi, tu es parti?
Antoine:	Non, je ne suis pas parti. J'ai travaillé à la ferme avec mon père.

Pourquoi est-ce que tu étais absent?

J'étais malade.

J'étais chez le médecin _____

■ Découvrez Les Règles!

PASSÉ COMPOSÉ AVEC L'AUXILIAIRE *ÊTRE* (SEE GRAMMAR SECTION, PAGE 288-90)

How is the **passé composé** formed? State a rule and give examples.
Read over dialogue 14.1 again. Take down all the verbs that are in the **passé composé**.
Can you find any verbs that do not follow the exact rule you have previously learnt?

Complete this rule and learn it off by heart.

passé-composé = present tense of **avoir** or ... + past participle

Use **avoir** for most verbs.

Use **être** for the '14 verbs'.

THE 'RULE OF AGREEMENT' IN THE PASSÉ COMPOSÉ

Read over dialogues 14.6 and 14.7.
How does Pierre say 'I went'?
How does Suzanne say 'I went'?
How do you explain the difference in spelling?
Now look at the two following verbs. What do you notice about the past participles?

manger	**aller**
j'ai mangé	je suis allé(e)
tu as mangé	tu es allé(e)
il a mangé	il est allé
elle a mangé	elle est allée
nous avons mangé	nous sommes allé(e)s
vous avez mangé	vous êtes allé(e)(s)
ils ont mangé	ils sont allés
elles ont mangé	elles sont allées

Can you find out what **past participles with être** and **adjectives** have in common? (See *Découvrez Les Règles* in chapter 12.) Give examples.

Complete the following rule and learn it off by heart.

In the **passé composé**, the past participle with **être** agrees with the _____ in gender and in number.

LA FORME NÉGATIVE AU PASSÉ COMPOSÉ

How do you put a sentence into the negative form in the present tense?
Translate into French:

I watch television.	I work.
I don't watch television.	I don't work.

How do you put a sentence into the negative form in the **passé composé**?
Read the three dialogues (14.6, 14.7, 14.8) again and translate into French:

I worked.	I left.
I didn't work.	I didn't leave.

L'IMPARFAIT

Rearrange the following expressions in a logical order.
C'était moyen. – C'était super. – C'était ennuyeux. – C'était génial. – C'était bien.

■ *A Vous!*

14.9

Ecoutez et complétez la grille dans votre cahier.
Trois jeunes parlent de leurs vacances.

	name	destination departure	date of	activities given	opinion
1.					
2.					
3.					

VACANCES EN MÉDITERRANÉE

14.10

Ecoutez et remplissez les blancs dans votre cahier.
Je m'appelle Ludovic. J'ai _____ (1) ans. J'habite à Paris. Pendant les grandes vacances, je _____ (2) allé en Corse avec mes parents. C'était bien! Nous _____ (3) partis le trois juillet. Il a fait beau. Nous sommes

allés à la plage tous les jours. J'ai joué au volley. Nous _____ (4) mangé beaucoup de fromage de chèvre. C'était délicieux! Je suis rentré à Paris le vingt-huit _____ (5).

Complétez avec l'auxiliaire avoir ou être.

Je m'appelle Mélanie. J'ai treize ans. J'habite à Lille. Pendant les vacances, je _____ (1) allée au Cap d'Agde, près de Sète. Je _____ (2) partie le trois août avec ma famille. C'était génial! Je _____ (3) descendue à la plage tous les jours et j' _____ (4) rencontré des jeunes sympas. Il _____ (5) fait chaud et beau. Je _____ (6) allée voir un spectacle de joutes nautique. C'était fantastique! Nous _____ (7) rentrés à Lille le vingt-cinq août.

Complétez avec les mots suivants:

descendue – suis – beau – douze – fait – sommes

Moi, je m'appelle Catherine. J'ai _____ (1) ans et j'habite à Lille. Pour les grandes vacances, je _____ (2) allée à Nice avec mon grand frère et mes parents. Nous sommes partis le premier juillet et nous _____ (3) revenus le trente juillet. Il a plu deux jours. Le reste du temps, il a fait très _____ (4). Bien sûr, je suis _____ (5) à la plage tous les jours. J'ai _____ (6) de la plongée sous-marine avec mon frère. C'était super!

COMPRÉHENSION

Read over the three passages and fill in the following grid in your copybook.

	name	destination	date of departure	date of return	activities	weather	opinion given
1.							
2.							
3.							

Ecoutez et répétez.

bord/beau   nord/chocolat   Corse/Deauville

Listen to the following list of words. For each of them, say whether it sounds like 'bord' or 'beau'.

	bord	beau
chose		
limonade		
poste		
école		
gâteau		
photo		
fromage		
Corse		
vélo		
porc		

QU'EST-CE QUE TU AS FAIT PENDANT LES VACANCES?

Répondez aux questions suivantes.

Tu es allé(e) où pendant les vacances?   Qu'est-ce que tu as fait?

Tu es resté(e) combien de temps?   C'était comment?

Tu es parti(e) quand?   Tu es revenu(e) quand?

Il a fait beau?

Now ask your partner the above questions and write his/her answers in your copy. Then report to the class.

Exemple:

Il/elle est allé(e) dans le comté de Kerry. Il/elle est parti(e) le _____

Underline the verb in the <u>passé composé</u> and give its infinitive and auxiliary.

Exemple:

Je <u>suis allée</u> à Marseille.

infinitive = aller; auxiliary = être

a. Nous avons mangé du boeuf.
b. Il a joué au foot pendant le week-end.
c. Tu es sortie à quelle heure?
d. Je suis rentré chez moi.
e. Elle a fait du jardinage.
f. Ils sont arrivés en retard.
g. Vous êtes allés à Paris?
h. Je suis monté sur la Tour Eiffel.
i. Elle est partie à Londres.
j. Il est descendu à la plage.
k. Nous sommes restées trois semaines.

Write the following sentences in the *passé composé*.

a. Je mange à la cantine.
b. Elle part en vacances.
c. Qu'est-ce que tu fais?
d. Elle descend à la plage.
e. Elle fait la grasse matinée.
f. Je vais à l'école.
g. Nous allons à une fête d'anniversaire.
h. Ils ne vont pas sur la Côte d'Azur.
i. Elles écrivent des cartes postales.
j. Vous allez en ville?
k. Il reste en France.

Match one element of each column and finish the sentence.

Hier	vous	suis	allé (+e, +s)
Jeudi dernier	je	es	arrivé (+e, +s)
Pendant les vacances	ils	est	parti (+e, +s)
A midi	elle	sommes	venu (+e, +s)
Mercredi	nous	sont	descendu (+e, +s)
Lundi matin	tu	êtes	rentré (+e, +s)

ETRE OU AVOIR?

J'ai
Je suis

fait
allée
bu
descendu
descendue
regardé
arrivé
travaillé
partie
mangé
allé
né
dansé
resté

Match one element of each column and make as many sentences as you can.
You could work with your partner!

	est allé	à la piscine.
	suis descendu	la pelouse.
Je	ai rangé	la grasse matinée.
Ma soeur	est allée	ma chambre.
Mes copines	suis née	chez moi.
J'	ont écouté	en train.
Mes amis	avons tondu	au foot.
Tu	as regardé	en 1988.
Nous	sont allés	un disque.
Paul	sont parties	chez toi.
	as fait	en Belgique.
	suis allée	un film super.

Add on an ending to the verb whenever it is necessary.
Exemple:
Elle est part**ie**.

a. Il est parti ... en bateau.
b. Elle a mangé ... un croissant aux amandes.
c. Ils sont arrivé ... à l'aéroport.
d. Caroline et Isabelle sont allé ... en Suisse.
e. Il est sorti ... avec ses copains.
f. Stéphanie et moi avons visité ... Rome.
g. Elle est resté ... à Metz.
h. Ils ont fait ... de l'escalade.
i. Elle est né ... en Allemagne.
j. Je suis allé ... à la montagne.

RACONTE-MOI TES VACANCES!

14.12

Ecoutez bien et complétez la grille dans votre cahier!

Anne et Christian sont de bons amis. Anne habite à Brest. Christian habite à Strasbourg. Ils parlent de leurs vacances au téléphone.

	destination	date of departure	date of return	activities	weather	opinion given
Christian						
Anne						

Now imagine that you are Christian or Anne. Read over the completed grid and answer the following questions.

a. Tu es parti(e) en vacances?
b. Tu es allé(e) où?
c. Qu'est-ce que tu as fait?
d. C'était bien?

e. Tu es resté(e) combien de temps?
f. Tu es parti(e) quand?
g. Tu es revenu(e) quand?
h. Il a fait quel temps?

ENQUÊTE
Les Français et les vacances

14.13
Ecoutez puis lisez!
En France, les vacances d'été sont très importantes: 56 % des Français partent en vacances chaque été. Beaucoup d'usines et de bureaux sont fermés en août parce que les employés partent en vacances. Il y a d'énormes problèmes de circulation, surtout sur 'l'autoroute du Soleil' (l'Autoroute qui va de Paris à Marseille).

Environ 90 % des Français restent en France. Ils descendent dans le Midi. La destination favorite est la Côte d'Azur parce que les Français aiment la plage, la mer et le soleil.

Le 'tourisme vert' (les vacances à la campagne ou à la montagne) se développe également. C'est une formule de vacances de plus en plus populaire car les vacanciers aiment le calme et la tranquillité de la nature.

En France, les collégiens ont deux mois de vacances. Ils partent généralement au bord de la mer ou à la campagne avec leurs parents pour quinze jours ou trois semaines. Beaucoup de jeunes Français passent aussi quelques semaines chez leurs grands-parents.
Il existe aussi d'autres formules de vacances pour les jeunes:
    – les colonies de vacances: les jeunes partent

dans un camp, au bord de la mer, en montagne ou à la campagne. Ils restent deux, trois semaines ou un mois. Ils participent à des activités sportives et culturelles.

– les séjours linguistiques: les jeunes visitent un autre pays. Ils parlent une autre langue et découvrent une autre culture. Les destinations favorites sont l'Angleterre, l'Irlande et l'Allemagne.

– les centres aérés: pour les jeunes qui ne partent pas, la mairie de la ville organise des activités tous les jours. Les jeunes font du sport. Ils font des excursions. Ils visitent la région. Ils font de la peinture. Ils écoutent de la musique. Ils assistent à des spectacles ...

COMPREHENSION

Answer the following questions in English.

1. What percentage of French people go on summer holidays? What percentage spend their summer holidays in France?
2. Why do most factories and offices close in France during the month of August?
3. What is 'l'Autoroute du Soleil'?
4. What is the favourite summer destination of French people?
5. What is 'le tourisme vert'?
6. Why is 'le tourisme vert' becoming so popular?
7. How much holidays do French schoolgoers have?
8. Mention 3 ways young French people spend their holidays.

14.14

INTERVIEW

Four French students are being interviewed about their last holidays. Their answers have been mixed up. Listen and find out what each of them said.

	Qu'est-ce que tu as fait?	Où?	Quand?	Combien de temps?
Vincent	séjour linguistique	à Saint-Tropez	en juillet	trois semaines
Pascale	centre aéré	à Sligo	en août	quinze jours
Chloé	colonie de vacances	à Paris	en août	un mois
André	vacances en famille	dans les Alpes	en juillet	quatre semaines

MARYSE PART EN IRLANDE

Maryse is on holidays in Ireland with her older brother. Before she left, she wrote a list of things she intended to do while in Ireland. Say what she did or didn't do. Start as follows:

Pendant ses vacances en Irlande, Maryse a téléphoné à la maison. Elle a envoyé des cartes postales. Elle ...

téléphoner à la maison ✓
envoyer des cartes postales ✓
écrire à Marie et André
descendre dans le Kerry
aller dans le Connemara ✓
acheter un pull irlandais ✓
acheter le dernier disque des Cranberries
manger un plat traditionnel irlandais
danser dans un ceili ✓
écouter de la musique irlandaise ✓
voir un match de football gaélique ✓
visiter Dublin ✓
aller aux falaises de Moher

A.

Galway, le 12 août

Cher Clément!

Un petit mot pour te dire que tout va bien.
L'Irlande, c'est chouette! Je suis arrivée hier à
Galway. La famille est très sympa. Aujourd'hui,
nous sommes allés dans le Connemara. C'était
magnifique! J'ai vu des moutons sur

la route et j'ai acheté un pull irlandais. Il pleut
beaucoup ici mais il ne fait pas froid.

Je t'embrasse.

Salut!

Carole

Clément Roques

6, rue du Bac

30900 Nîmes

France

B.

Ballina, le 14 août

Cher Henri,

Bonjour d'Irlande où je passe de bonnes vacances.
Je suis arrivé mardi. Il a plu tous les jours.
Exceptionnellement, il a fait beau aujourd'hui! Hier,
je suis allé aux Ceide Fields, un site préhistorique
dans le Mayo. C'était très intéressant. J'ai aussi
visité Foxford. Aujourd'hui, nous visitons Sligo et
les environs. Je parle anglais tout le temps. Les
Irlandais parlent très vite!

Je te souhaite de bonnes vacances.
A bientôt!

Philippe

Henri Perols

34, Bd Clémenceau

43000 Le Puy

France

C.

Dublin, le 15 août

Chere Marie!

L'Irlande est super! On s'amuse beaucoup. Hier
soir, je suis allée à une soirée

irlandaise (un ceili). J'ai rencontré un Irlandais
très gentil. Nous avons beaucoup dansé!
Aujourd'hui, nous avons visité Trinity College.
C'était intéressant. Ce soir, il y a une boum.
Génial! Dis bonjour à tout le monde.

Salut! A bientôt!

Sophie

Marie Pasquier

4, Avenue Kléber

75016 Paris

France

14.15

You will now hear four young people describing their holidays to their father or mother over the phone. Read the postcards again and find out which person is speaking in each of the dialogues.

dialogue 1:

dialogue 2:

dialogue 3:

dialogue 4:

LES CENTRES DE VACANCES

Read these 3 brochures and answer the questions.

1.

LOISIRS EN CAMARGUE

Le centre propose de nombreuses activités pour les jeunes de 12 à 17 ans. Activités sportives: équitation (randonnée à cheval), natation, plongée sous-marine, pêche en mer, voile, planche à voile, vtt.

ACTIVITÉS ARTISTIQUES
poterie, photographie, peinture, sculpture, musique.

ACTIVITÉS CULTURELLES
découverte de la Camargue, visite de musées et de bâtiments historiques.
Le centre organise une 'boum' surveillée le vendredi soir, de 17 h à 20 h.
Le centre est situé en bord de mer.
Fermé l'hiver.

2.

ROCHEFORT PLUS
Vacances à la montagne

Lieu: Rochefort est une station de montagne située dans le Massif Central à 1200 mètres d'altitude. Le centre de vacances est ouvert du 3 juillet au 28 août. En hiver, le centre propose des stages de ski.

LES ACTIVITÉS:	LES ANIMATIONS:
canoë cayak	excursion
piscine	lecture
football	jeux
volley	télévision
basket	
randonnées	
pédestres	
tennis	
escalade	
vélo tout terrain	

3.

Centre Sportif et Culturel
DE CHAMBON-SUR-LIGNON

Le centre sportif et culturel de Chambon-sur-Lignon est situé au coeur de l'Auvergne, dans le Collège International Cévenol. Le centre est à même de vous offrir un extraordinaire choix de loisirs (cinémas, piscine, tennis, vtt, équitation ...). Pour les jeunes qui aiment la mécanique, nous offrons:

– **stage mini-moto:** pour les 10-13 ans sur moto QR50 et PW80 ou Quad 80. Programme: deux heures par jour d'initiation à la mécanique, école de pilotage et randonnée du lundi au vendredi.

– **moto verte:** Vous conduirez deux heures par jour des motos 80 à 125 cc. Une randonnée ou un challenge conclura le stage. Casques et combinaisons fournis.

– **4X4:** (réservé au 14–17 ans): Santana 4X4, Lada Niva 4X4, découverte et apprentissage de la conduite sur pistes amménagées, initiation au trial, randonnées. Programme: deux heures de conduite par jour, initiation à la mécanique, entretien des véhicules.

Notre centre est fermé en hiver.

COMPREHENSION

a. These brochures advertise
hotels?
travel agencies?
holiday centres?
youth clubs?

b. Which place is located
in town?
in the countryside?
in the mountains?
at the seaside?

c. Which of the following activities are not listed above?
canoeing
pottery
windsurfing
mountain biking
jet-skiing

d. Which place is open
in the summer?
in the winter?

e. Which centre would you choose?

Guy, who is spending his holidays in one of the three holiday centres, wrote the following postcard to his friend Pascal. But he forgot to say where he is writing from. Can you find out?

Cher Pascal,

Je m'amuse bien ici. Tout le monde est très sympa. Il fait beau. Je fais du vtt tous les jours. Hier, j'ai fait une randonnée à cheval. C'était génial! Ici, il y a des jeunes de toutes les nationalités. J'ai rencontré une fille irlandaise super sympa! Elle fait un stage de moto. Comment va ta famille?

A bientôt!

Salut!

Guy

Pascal Neau

rue de la Réunion

80300 Nesle

CHANTEZ!

14.16

Ecoutez.

Un kilomètre à pied, ça use, ça use
Un kilomètre à pied, ça use les souliers!
Deux kilomètres à pied, ça use, ça use
Deux kilomètres à pied, ça use les
    souliers!
Trois kilomètres à pied, ça use, ça use
Trois kilomètres à pied, ça use les
    souliers!

ECRIVEZ!

Imagine you are spending your holidays in France with your French pen-pal and his/her family. Write a post-card to either your parents, your penfriend in Luxembourg (Paul/Paule) or your teacher. Choose the appropriate form from the list below.

1. Name of place + date (Paris, le 23 juillet)

2. Chers Papa et Maman,
   Cher Monsieur ____ /Chère Madame ____
   Cher Paul/Chère Paule,

3. Je suis bien arrivé(e) en France.
   La France, c'est super!
   Je passe d'excellentes vacances à ____
   Un petit mot pour vous dire que tout va bien.

4. Les gens sont très sympas ici.
   On s'amuse bien.
   Je parle français tout le temps.

5. Ici,
   il fait beau/chaud.
   il fait mauvais/froid.
   il pleut.
   il y a des nuages.

6. Hier/Hier soir/La semaine dernière,
   j'ai visité ____
   j'ai mangé ____
   j'ai bu ____
   j'ai fait ____
   j'ai joué ____
   j'ai rencontré ____
   je suis allé(e) à ____

7. C'était ____

8. Comment va ____ ?
   Je vous souhaite de bonnes vacances.
   J'espère que tu passes de bonnes vacances.

9. Salut! A bientôt!
   Grosses bises
   Je vous embrasse très fort
   Amicalement

10. Signature

Lisez!

Find the relevant caption for each one of these pictures.

A

B

C

D

E

F

G

H

I

1. En 1966, Eric Cantona <u>est né</u>.
2. En 1969, l'américain Neil Armstrong <u>a marché</u> sur la lune.
3. En 1973, l'Irlande <u>est entrée</u> dans le Communauté Européenne.
4. En 1979, le Pape Jean-Paul II <u>a visité</u> l'Irlande.
5. En 1982, un Français, Jean-Loup Chrétien, <u>est allé</u> dans l'espace avec des cosmonautes soviétiques.
6. En 1986, la centrale nucléaire de Tchernobyl <u>a explosé</u>.
7. En 1989, le mur de Berlin <u>est tombé</u>.

8. En 1989, la Tour Eiffel <u>a fêté</u> ses 100 ans.
9. En 1990, l'équipe de foot d'Irlande <u>a participé</u> à la Coupe du monde de Football pour la première fois.
10. En 1992, le parc Eurodisney <u>a été inauguré</u>, près de Paris.
11. En 1995, le comté de Clare <u>a gagné</u> la finale de hurling.
12. En 1996, Seamus Heaney <u>a reçu</u> le Prix Nobel de littérature.
13. En 1996, le comté de Meath <u>a gagné</u> la finale de football gaélique.

Now think of events that happened in recent years and try to write a short caption in French (music, sports, arts, literature, fashion, environment, politics, science, technology, etc.).

LES INFOS

For each of the following headings, find two words that are related.
Exemple:
la météo: nuage – soleil

la météo
sport
sciences et technologie
politique
crime
accident de la route
incendie

ambulance	nuage	Kourou
championnat	évacuer	soleil
collision	président	hold-up
pompiers	ministre	gangster
Parc des Princes	satellite	

ECOUTEZ!

14.17
Now listen to the news bulletin on France Inter. You will hear 7 news items. In your copy match each news item with one of the above headings.

1. politique
2. ____
3. ____
4. ____

5. ____
6. ____
7. ____

LISEZ!

Here is the script of the news bulletin you have just heard. The news items have been mixed up. Rearrange them in the correct order.

La fusée européenne Ariane est partie de la base spatiale de Kourou, ce matin, à 6 heures 47 heure locale. Sa mission: mettre en orbite un satellite de télécommunication japonais.

Armel Le Ny, un dangereux gangster, a été arrêté par la police ce matin à la frontière allemande. Armel Le Ny avait dévalisé la Banque Nationale de Paris, hier, à Strasbourg.

Football, dans le championnat de France, Caen a battu le Paris-Saint-Germain deux buts à zéro, au Parc des Princes. Du jamais vu!

Le ministre irlandais des affaires étrangères est en visite à Paris. Il a été reçu au Palais de l'Elysée par le Président de la République. Ils ont parlé de la situation en Irlande du Nord.

Un incendie a éclaté hier soir dans un hôtel parisien. Trois personnes ont été bléssées dont une grièvement. Deux cents personnes ont dû être évacuées. Les pompiers sont arrivés très vite sur les lieux, mais l'hôtel a brûlé toute la nuit. Il a été totalement détruit.

La météo pour aujourd'hui. Soleil et nuages dans le nord et dans l'ouest. Pluie dans l'est et en Bourgogne. Il fera généralement beau dans le reste du pays. Dans le sud-ouest et autour de la Méditerranée, il fera très chaud.

Un accident de la route a eu lieu hier soir dans le centre ville de Metz. Une voiture est entrée en collision avec un bus. Le conducteur de la voiture a été légèrement bléssé. Il a été transporté à l'hôpital par ambulance.

COMPREHENSION

Answer the following questions in English.

Who did the Irish minister for Foreign Affairs visit?
What did he discuss?

Who is Armel Le Ny?
Why was he arrested?

How many people were injured in the fire?
How many people were evacuated?

What kind of vehicles were involved in the road accident?
What happened to one of the drivers?

Where was the Ariane rocket launched from?
What is its mission?

Name the team that won the soccer match.
Where was the match played?

What is the weather forecast for the Côte d'Azur?
Where is it going to rain?

QUINZE

BON VOYAGE!

■ *Sommaire*

RÉVISION
passé composé
l'heure

COMMUNICATION
prendre le train
comprendre et dire l'heure (24 h)

LE FRANÇAIS EN CLASSE
J'ai raté le bus.

GRAMMAIRE
partir

PHONÉTIQUE
opposition heure/bleu

CIVILISATION
la SNCF
le TGV
paysages de France

■ *Découvrez!*

**Look at the map of the railway system
in France.**
Can you locate on the map where each
picture was taken? Where do all the
railway lines meet?

Le TGV dans les Alpes

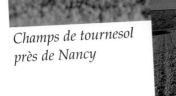

Champs de tournesol
près de Nancy

Le TGV Atlantique près de Nantes

Vignobles de Bourgogne, près de
Dijon

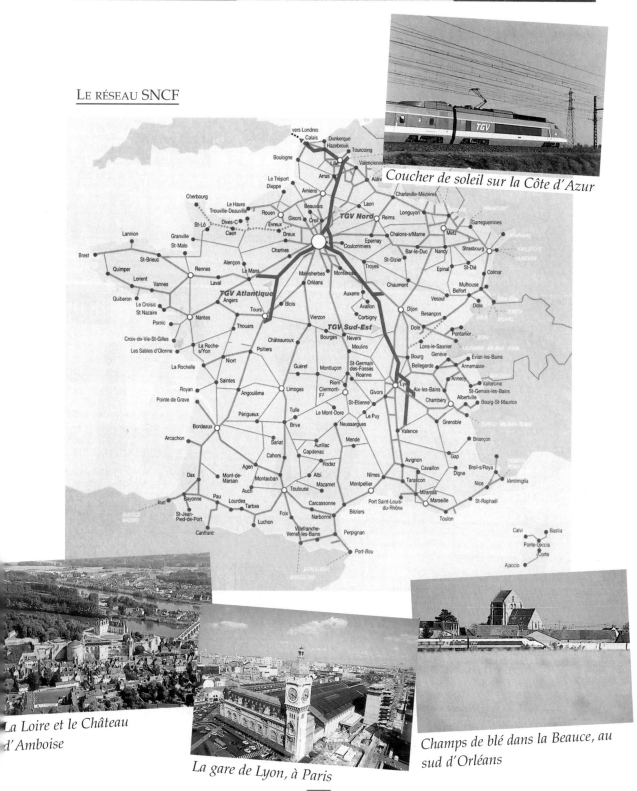

LE RÉSEAU SNCF

Coucher de soleil sur la Côte d'Azur

vers Londres
Calais
Dunkerque
Hazebrouck
Tourcoing
Boulogne
Lille
Valenciennes
Le Tréport
Dieppe
Arras
Amiens
Auln...
Charleville-Mézières
Cherbourg
Le Havre
Trouville-Deauville
Rouen
Beauvais
Laon
Longuyon
St-Lô
Dives-C
Gisors
Creil
Evreux
TGV Nord
Reims
Metz
Sarreguemines
Lannion
Granville
St-Malo
Caen
Dreux
Chartres
Epernay
Coulommiers
Chalons-s/Marne
Nancy
Strasbourg
Brest
St-Brieuc
Alençon
Le Mans
Malesherbes
Montereau
Bar-le-Duc
Troyes
St-Dizier
Epinal
St-Dié
Colmar
Quimper
Rennes
Laval
Orléans
Chaumont
Mulhouse
Belfort
Lorient
Vannes
Angers
TGV Atlantique
Tours
Blois
Auxerre
Dijon
Vesoul
Delle
Quiberon
Le Croisic
St Nazaire
Nantes
Vierzon
Avallon
Besançon
Pornic
Thouars
Corbigny
Dole
Pontarlier
Croix-de-Vie-St-Gilles
Les Sables d'Olonne
La Roche-s/Yon
Châteauroux
Poitiers
Bourges
TGV Sud-Est
Nevers
Moulins
Lons-le-Saunier
Genève
Evian-les-Bains
La Rochelle
Niort
Guéret
Montluçon
St-Germain-des-Fossés
Roanne
Bourg
Bellegarde
Annemasse
Royan
Saintes
Limoges
Riom
Clermont-F?
Lyon
Annecy
Valorcine
St-Gervais-les-Bains
Pointe de Grave
Angoulême
Tulle
St-Etienne
Givors
Aix-les-Bains
Chambery
Albertville
Bourg-St-Maurice
Périgueux
Le Mont-Dore
Le Puy
Grenoble
Bordeaux
Brive
Neussargues
Valence
Arcachon
Sarlat
Aurillac
Capdenac
Mende
Briançon
Cahors
Rodez
Avignon
Gap
Dax
Mont-de-Marsan
Montauban
Albi
Cavaillon
Digne
Breil-s/Roya
Agen
Toulouse
Mazamet
Nîmes
Tarascon
Nice
Ventimiglia
Bayonne
Pau
Auch
Lourdes
Tarbes
Carcassonne
Montpellier
Miramas
Marseille
St-Raphaël
St-Jean-Pied-de-Port
Foix
Narbonne
Béziers
Port Saint-Louis-du-Rhône
Toulon
Luchon
Canfranc
Villefranche-Vernet-les-Bains
Perpignan
Calvi
Bastia
Ponte-Leccia
Corte
Ajaccio
Port-Bou

La Loire et le Château d'Amboise

La gare de Lyon, à Paris

Champs de blé dans la Beauce, au sud d'Orléans

15.1
Listen to times being read out and match them to the appropriate pictures.

15.2
Ecoutez puis lisez!
– Bonjour! Vous désirez?
– Bonjour! Je voudrais un billet pour
  Brest, s'il vous plaît.
– Aller-simple ou aller-retour?
– Aller-retour.
– Première ou deuxième classe?
– Deuxième classe, s'il vous plaît.
– Ça fait 270 francs.
– Voilà ... 270 francs.
– Merci et bon voyage!
– Merci, au revoir!

15.3

TARIFS SNCF		
destination	2e classe	1ère classe
Paris – Marseille	350 F	452 F
Paris – Lyon	250 F	330 F
Paris – Strasbourg	310 F	410 F
Paris – Lille	222 F	315 F
Paris – Nantes	215 F	300 F
Paris – Bordeaux	260 F	340 F
Paris – Toulouse	325 F	420 F

– Bonjour! Vous désirez?

– Je voudrais un aller-simple pour Toulouse, s'il vous plaît. C'est combien?

– Première ou deuxième classe?

– Première classe, s'il vous plaît.

– Ça fait 420 francs.

– Voilà ... 420 francs. Le prochain train part à quelle heure?

– Il part à seize heures douze.

– Merci, au revoir!

– Bon voyage!

15.4

– Bonjour! Je voudrais un aller-retour, deuxième classe
   pour le Havre, s'il vous plaît.

– Voilà, ça fait 190 francs.

– Le prochain train part à quelle heure?

– Il part à quinze heures vingt-trois.

– Il part de quel quai?

– Il part du quai numéro six.

– Il faut changer?

– Non, c'est direct.

– Merci, au revoir!

– Bon voyage!

◼ *Découvrez Les Règles!*

L'HEURE

How many ways are there in French to tell the time? Give examples and find an explanation as to why time can be expressed in different ways. Give the two different ways of telling the time:

	12-hour clock	24-hour clock
1.00 p.m. =	une heure	treize heures
1.15 p.m =	une heure et quart	treize heures quinze
1.30 p.m. =		
1.45 p.m. =		
1.50 p.m. =		
2.00 p.m. =		
3.00 p.m. =		
4.00 p.m. =		
5.00 p.m. =		
6.00 p.m. =		
7.00 p.m. =		
8.00 p.m. =		
9.00 p.m. =		
10.00 p.m. =		
11.00 p.m. =		
12.00 p.m. =	minuit	zéro heure

Read over the three dialogues (15.2, 15.3, 15.4) again. What would you say in French if you wanted:

to buy a ticket to ____?

to buy a one-way ticket?

to buy a return ticket?

to buy a second-class return ticket to ____?

to ask how much it costs?

to ask at what time the next train is leaving?

to ask which platform the train is leaving from?

to ask if you have to change trains?

LES VERBES IRRÉGULIERS AU PRÉSENT (*PARTIR*)

Conjugate **partir** in the present tense.

je	pars
tu	____
il/elle	____
nous	partons
vous	____
ils/elles	____

■ *A Vous!*

15.5

Listen to the dialogues and tick the correct box on the grid in your copybook.

	single	return	1st class	2nd class	change trains	no change
1.	X			X	X	
2.						
3.						
4						

15.6

Ecoutez les trois dialogues et remplissez la grille dans votre cahier.

	1	2	3
Destination			
Prix			
Départ			
Arrivée			
Quai			

15.7

Remettez les phrases dans l'ordre.

The three following dialogues have been mixed up. Put the sentences in the right order. Then listen to the tape to see if you were right.

1. – Deuxième classe, s'il vous plaît.
    – Vous désirez?
    – Aller-retour.
    – Ça fait 270 francs.
    – Première ou deuxième classe?
    – Je voudrais un billet pour Cherbourg, s'il vous plaît.
    – Aller-simple ou aller-retour?

2. – Le prochain train part à quelle heure?
    – Ça fait 420 francs.
    – Il part du quai numéro trois.
    – Je voudrais un aller-simple pour Toulouse en première classe, s'il vous plaît.
    – C'est combien?
    – Il part à zéro heure douze.
    – Il part de quel quai?

3. – Il part à dix-sept heures dix-sept.
    – Voilà, ça fait 190 francs.
    – Il faut changer?
    – Il part du quai numéro six.
    – Je voudrais un aller-retour, deuxième classe pour Metz, s'il vous plaît.
    – Le prochain train part à quelle heure?
    – Oui, il faut changer à Reims.
    – Il part de quel quai?

Write the time (24-hour clock)
Exemples:
3:10 a.m. = trois heures dix
3:10 p.m. = treize heures dix

11:15 a.m. = _____   4:20 p.m. = _____
2:45 p.m. = _____   9:13 a.m. = _____
6:32 p.m. = _____   8:25 p.m. = _____
7:30 a.m. = _____   3:45 p.m = _____
11:40 p.m. = _____   5:05 p.m. = _____

Complétez les dialogues puis lisez avec votre partenaire.

– Bonjour Monsieur, je voudrais un aller-simple en deuxième classe pour Cambrai, s'il vous plaît.
– (185 F)
– Merci. Le prochain train part à quelle heure?
– (17 h 45)
– Et il arrive à Cambrai à quelle heure?
– (20 h 12)
– Il faut changer?
– (changer-Senlis)
– Le train part de quel quai?
– (n° 3)
– Merci, au revoir!
– (...)

PRONONCEZ BIEN!

15.8
opposition heure/bleu

Ecoutez et répétez.
1. heure – fleur – jeune
2. bleu – jeu – cheveux

Listen to the following words and say whether they are pronounced like _heure_ or _bleu_.

beurre	soeur	fumeur
deux	des oeufs	il pleut

JEUX DE RÔLE

1. A says hello.
    B says hello and asks what A wants.
    A wants a ticket to Orléans.
    B asks if A wants to travel first or second class.
    A wants to travel second class.
    B asks if A wants a single or a return ticket.
    A wants a single ticket. A asks how much it costs.
    B says it costs 85 francs.

2. A wants a second-class return ticket to Pau.
    B hands out the ticket and says it costs 470 francs.
    A says thank you and asks if he/she has to change trains.

B says that there isn't any change.
A asks at what time the next train leaves.
B says the next train leaves at 5.42 p.m.
A asks at what time the train will arrive in Pau.
B says the train will arrive at 1.34 a.m.
A thanks B and says goodbye.
B gives appropriate reply.

3. A wants a second-class single ticket to Lyon and asks how much it costs.
B says it costs 453 francs.
A asks if there is a change.
B says there isn't any change.
A asks at what time the next train is leaving.
B says the next train is leaving at 1.23 p.m.
A asks at what time the train will arrive.
B says the train will arrive at 4.12 p.m.
A asks what platform the train is leaving from.
B says the train is leaving from platform 3.

15.9

Listen to announcements made in a train station and fill in the grid in French.

	destination	départ	arrivée	quai
1.	Nice	12.34		
2.				
3.				
4.				
5.				

Répondez à la question selon le modèle.

Vous partez à quelle heure? (13 h 25)
Nous partons à 13 h 25.

a. Le train part à quelle heure? (18 h 53)
b. Marie et Sophie partent quand? (8 h)
c. Tu pars à quelle heure? (midi)
d. Pardon, Monsieur, vous partez à quelle heure? (12 h 45)
e. Solange et Christian partent à quelle heure, demain? (9 h)
f. Michel et Corinne, vous partez à quelle heure? (16 h 20)
g. Pardon Madame, le train pour Nîmes part à quelle heure? (22 h 35)

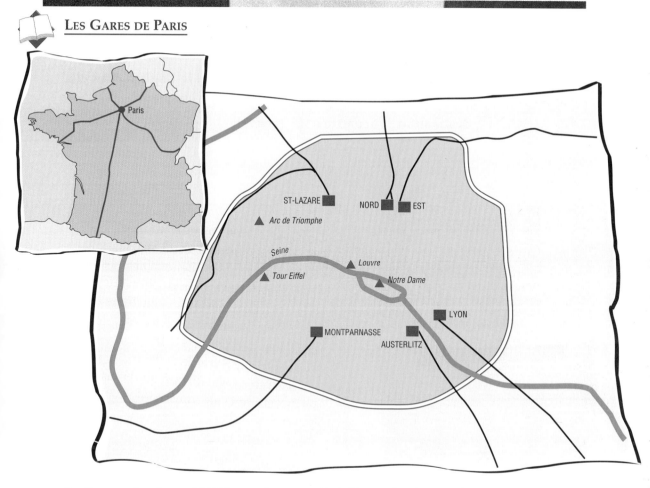

En France, le réseau SNCF est très centralisé. Toutes les lignes de chemin de fer partent de Paris.

Il y a six gares:

– La gare du Nord, pour la région Nord.
– La gare de l'Est pour la région Est.
– La gare de Lyon pour la région Sud-Est.
– La gare d'Austerlitz pour la région Sud-Ouest.
– La gare Saint-Lazare et la gare Montparnasse pour la région Ouest.

Imagine you are in Paris. What station would you go to if you wanted to travel to the following places?

a. Bordeaux	e. Brest	i. Avignon
b. Marseille	f. Nancy	j. Strasbourg
c. Lille	g. Toulouse	k. Clermont-Ferrand
d. le Havre	h. Roscoff	l. Londres

15.10

Listen to three people buying a ticket and fill in the grid in English. Can you guess in which Paris train station the conversation is taking place?

	destination	departure	arrival	platform	name of station
1.					
2.					
3.					

GUIDE DES PRIX RÉDUITS

Carrissimo: une formule souple

Si vous avez entre 12 et 25 ans, la carte Carrissimo vous fait bénéficier dans la plupart des trains de 50 % de réduction sur le prix de base des billets en 1ère ou en 2ème classe. Carrissimo existe en 2 formules:
– une formule 4 trajets à 189 F
– une formule 8 trajets à 295 F
Carrissimo est valable un an. Vous pouvez en acheter autant que vous voulez.

La Carte Vermeil

Si vous avez 60 ans ou plus, la SNCF vous propose la Carte Vermeil: elle vous permet de bénéficier pendant un an, selon les trains, d'une réduction de 20 % ou de 50 % sur le prix de base des billets, en 1ère ou en 2ème classe, pour un nombre illimité de voyages en France. Son prix est de 270 F.

La Carte Kiwi

Si vous voyagez avec un enfant de moins de 16 ans, la SNCF vous propose la Carte Kiwi. Cette formule, valable un an, permet à l'enfant et à l'adulte qui l'accompagne de bénéficier d'une réduction de 50 % dans tous les trains. La carte coûte 444 F. Kiwi vous convient si vous pensez voyager souvent en train.

La Carte Inter Rail

Si vous avez moins de 26 ans, La Carte, Inter Rail vous permet de voyager en toute liberté en 2ème classe dans 22 pays étrangers, en Europe et Afrique du Nord (sauf pays de domicile).

Des prix spéciaux sont prévus pour l'emprunt de lignes privées (autocar, bateau) dans la zone d'application du pass. La Carte, Inter Rail permet aussi d'obtenir une réduction de 50 % sur toutes les lignes SNCF à l'exception des lignes de la banlieue parisienne. Pour un mois de libre circulation, le pass global revient à 2142 F.

La Carte, Inter Rail est disponible dans la plupart des gares sur présentation d'une carte d'identité.

QUESTIONS

1. Which card entitles the cardholder and an adult travelling with him/her to 50 % discount?
2. What does the Inter Rail card entitle you to? (2 points) For how long is this card valid?
3. Could you avail of the Carte Vermeil?
4. How much does Carrissimo cost? What does it entitle you to? How long is it valid for?

EN VOITURE!

Paris → Sarrebourg → Saverne → Strasbourg

Nº du train		11711	1611	105		65	1903	1603	1905	1605	67	1807	1607	69	1909	109		263	261
				1ère classe	2ème classe											1ère classe	2ème classe		
Particularités		**1**																	**2**
Paris-Est	D	0.05	0.17	6.52		7.51	8.06	9.01	12.56	13.17	13.45	15.22	15.56	17.19	17.56	18.48		19.43	22.30
Sarrebourg	A	4.25	5.08	10.15			12.05	12.51	16.26	17.25	a 17.25	b 19.40	c 19.40	20.45	21.21			23.08	
Saverne	A		5.31	10.35			12.26	13.11	16.45	17.43	a 17.43		d 20.13	21.06				23.27	
Strasbourg	A	5.17	5.57	11.03		11.43	12.51	13.38	17.11	18.12	17.45		19.56	21.32	22.05	22.53		23.52	3.32

TARIFS				
	Prix normal		**Kiwi Vermeil Carrissimo**	
	1ère classe	2ème classe	1ère classe	2ème classe
Paris-Strasbourg	388 F	259 F	194 F	130 F
Paris-Saverne	361 F	241 F	181 F	121 F
Paris-Sarrebourg	352 F	236 F	177 F	119 F

Choose one of the following role-plays together with your partner. Write it out in your copy using the above timetable and price list. Then enact it.

1. **A sells tickets at the gare de l'Est. B is in a hurry to buy a ticket to Saverne. The time is 5.55 p.m.**
    B wants a one-way ticket to Saverne.
    A doesn't understand.
    B repeats that he/she wants a one-way ticket to Saverne.
    A asks if B wants first class or second class.
    B says first class.
    A hands over the ticket.
    B asks how much it costs.
    A looks at the price list and answers.
    B asks at what time the next train is leaving.
    A looks at the timetable and answers.
    B asks which platform the train is leaving from.
    A says the train is leaving from platform 3.
    B says good bye.
    A replies.

2. **A sells tickets at the Gare de l'Est. B is an 87-year-old person who wishes to travel to Strasbourg. The time is 1.15 p.m.**
    A says hello and asks what B wants.
    B wants a ticket to Strasbourg.
    A asks if B wants to travel first or second class.
    B wants to travel second class.
    A asks if B wants a single or return ticket.
    B wants a single ticket. B asks how much it costs.
    A looks at the price list and answers.
    B asks at what time the next train is leaving.
    A looks at the timetable and answers.
    B asks if he/she will need to change trains.
    A answers.
    B asks which platform the train is leaving from.
    A says the train is leaving from platform 6.
    B asks at what time the train will arrive in Strasbourg.
    A answers.
    B thanks A and says goodbye.
    A gives an appropriate reply.

LES TRAINS À GRANDE VITESSE

Le TGV existe en France depuis 1981.
C'est le train le plus rapide du monde.
En 1990, un TGV a établi un record
mondial de vitesse sur rail à 515,3 km/h!
La vitesse commerciale est de 300
kilomètres à l'heure. Chaque année,
le TGV transporte environ cinquante
millions de voyageurs. C'est un train
extrêmement confortable. Il va de Paris à
Marseille (800 kilomètres) en quatre
heures et dix minutes! Le voyage de
Paris à Bruxelles prend deux heures et
quinze minutes. Grâce au tunnel sous la
Manche, le TGV peut faire le voyage
Paris-Londres en trois heures.

Aux environs de 2015, l'Europe
devrait avoir un réseau de liaisons à
grandes vitesse de 19 000 kilomètres.

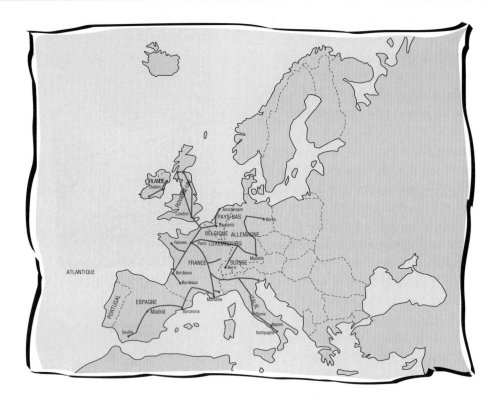

Le dernier train à grande vitesse de la SNCF s'appelle le TGV Duplex. Voici sa fiche technique:

Nom: TGV Duplex.

Vitesse commerciale: 300 km/h.

Capacité: 197 places en 1ère classe – 348 places en 2e classe.

Téléphone à bord.

La répartition des places sur 2 niveaux permet d'augmenter le confort des voyageurs.

Espace pour handicapés et toilettes adaptées.

30 rames en cours de construction.

COMPREHENSION

1. What is a TGV?
2. When was the TGV first launched?
3. The TGV's speed when carrying freight or passengers is 5,133 km/h. True or false?
4. How many people travel on board the TGV every year?

5. How long does it take a TGV to go from:
   Paris to Marseille?
   Paris to Bruxelles?
   Paris to London?
6. How long would it take a TGV to go from Dublin to Cork?
7. Name the European countries that will be connected by the TGV by the year 2015.

A LA GARE

Match each symbol with the correct caption.
Example: a = 12

1. Salle d'attente
2. Informations-Réservations
3. Banque – Bureau de change
4. Point rencontre
5. Chariot à bagages
6. Consignes
7. Bar
8. Bureau des objets trouvés
9. Buffet-Restaurant
10. Location de voiture
11. Aéroport
12. Fumeurs
13. Ascenseur
14. Boîte aux lettres
15. Eau potable
16. Douane
17. Composteur
18. Téléphone public
19. Non-fumeurs
20. Toilettes
21. Nurserie

Find the correct location for each of the following activities.

On demande des renseignements	dans la salle d'attente.
On achète son billet	au bureau d'information.
On dépose ses bagages	sur le quai.
On change de l'argent	au contrôle automatique.
On attend le train	à la consigne automatique.
On mange un sandwich	au distributeur automatique.
On composte son billet	au bureau de change.
On prend le train	au buffet de la gare.

 Mairead est en voyage en France pour deux semaines. Voici la lettre qu'elle a écrite à une copine.

Lyon, le 12 juillet

Chère Lorna,

Comment vas-tu? Moi, je vais très bien. Je suis arrivée en France hier matin. J'ai pris le bateau de Rosslare au Havre (c'est en Normandie). La traversée était horrible parce la mer était très agitée. J'étais malade! Quand je suis arrivée au Havre, je suis allée à la gare et j'ai pris le train. C'était plus agréable que le bateau!

A la gare Saint-Lazare, j'ai acheté un billet aller-retour pour Lyon, en deuxième classe au tarif réduit. En attendant le départ, j'ai laissé mes bagages à la consigne automatique et je suis allée manger un jambon-beurre au buffet.

Ensuite, j'ai pris le TGV. J'ai trouvé une place dans un compartiment non-fumeur, à côté de la fenêtre. Le voyage a duré deux heures tout juste. C'était génial! J'ai traversé la Bourgogne et j'ai vu les célèbres vignobles de la région. Pendant le voyage, j'ai bavardé avec un garçon qui était super sympa! Il s'appelle Pascal et il habite à Lyon. Il était charmant et très amusant. Il est brun et il a les yeux bleus. Il est sportif et adore le football, comme moi. Nous allons être des correspondants. J'ai eu un petit problème pendant le trajet: j'ai oublié de composter mon billet! Quand le contrôleur est arrivé, il n'a pas écouté mes explications et j'ai dû payer cent francs d'amende. 'Le règlement, c'est le règlement!' a-t-il simplement dit. C'était vache de sa part! Enfin ...

A Lyon, ma correspondante est venue me chercher sur le quai de la gare avec sa famille. J'ai dit au revoir à Pascal (j'espère que je vais le revoir bientôt!). J'ai changé un peu d'argent au bureau de change et nous sommes partis en voiture. Le soir, les parents de ma correspondante ont préparé un repas délicieux. Ensuite, nous avons bavardé et je suis allée au lit.

Il y a beaucoup de trucs à faire ici. On peut nager à la piscine, aller au cinéma, voir des matchs de football au stade, faire des randonnées dans les Alpes. Je m'amuse bien! En plus, il fait beau. Et toi, qu'est-ce que tu fais? Tu passes de bonnes vacances?

Dis bonjour à tout le monde de ma part.

Salut!

A bientôt

ton amie Mairead

COMPREHENSION

A. Answer in English.

1. On what date did Mairead arrive in France?
2. What happened to Mairead in the train to Lyon?
3. Who was waiting for her at the station in Lyon?
4. List four activities mentioned by Mairead.
5. Describe the weather.

B. Répondez en français.

1. Trouvez dans le texte des mots ou expressions qui veulent dire:

   le voyage était désagréable
   un sandwich
   un wagon où il est interdit de fumer
   valider
   pas sympa
   choses

2. Décrivez Pascal:
   caractère;
   caractéristiques physiques.

3. Relevez tous les mots et expressions qui se rapportent à la SNCF.

Ecrivez!

You are spending three weeks with your penpal's family in Toulouse. Write to your friend Paul/Paula in Donegal telling him/her the following:

a. How you found the crossing.
b. The weather is magnificent. The food is nice.
c. You spent some time in the Gare d'Austerlitz and travelled by TGV.
d. How you spend your time.
e. You went to a disco and met a nice French person.

■ *Sommaire*

RÉVISION

passé composé
les verbes réfléchis (présent)
l'heure

GRAMMAIRE

le passé composé des verbes
réfléchis

COMMUNICATION

aller dans un camping

PHONÉTIQUE

e muet

LE FRANÇAIS EN CLASSE

Je peux effacer le tableau?

CIVILISATION

la Corse

■ *Ecoutez puis lisez!*

16.1

Perros Guirrec, le 12 août

Chère Michelle,

Comment vas-tu? Moi, je vais très bien. Je t'écris de Bretagne où je fais du camping avec ma famille. Je dors dans une tente avec mon frère. Mes parents et ma soeur sont dans la caravane. Le temps est magnifique et je m'amuse bien.

Voici comment je passe mes journées: le matin, je me réveille vers neuf heures. Ensuite, je m'habille et je me lave dans le lavabo. Après, je prépare le petit déjeuner pour la famille. Vers dix heures, je vais à la plage. C'est super! Je fais de la planche à voile, je joue au volley avec les copains et les copines et je nage dans la mer.

Après le déjeuner, je me repose un peu: je fais la sieste ou je lis une BD. Ensuite, je retrouve mes amis et je me promène dans les environs.

Le soir, il y a toujours des animations dans le camping. Nous dansons, chantons ou bavardons autour du feu de camp. Généralement, je me couche vers onze heures et demie.

Et toi, qu'est-ce que tu fais pendant les vacances? Raconte-moi tout. J'attends ta lettre avec impatience.

A bientôt

Salut

Jacques

QU'EST-CE QU'IL FAIT?

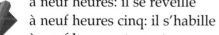

à neuf heures: il se réveille

à neuf heures cinq: il s'habille

à neuf heures et quart:

à neuf heures et demie:

à dix heures:

à dix heures et demie:

à midi:

à une heure:

à deux heures:

à sept heures: il dîne

à neuf heures:

à onze heures et demie:

Porto Vecchio, le 15 août

Chère Marie,

Salut! Comment vas-tu? J'espère que tu vas bien. Moi, je fais du camping en Corse avec Simone, ma grande soeur. Nous dormons dans une tente. Elle est petite mais confortable.

Ici, il fait beau. Le soleil brille et je bronze beaucoup.

J'adore le camping parce qu'on est dans la nature et on rencontre des jeunes de nationalités différentes. On s'amuse bien!

Hier, je me suis réveillée à six heures du matin (!!!). Je me suis habillée et je me suis promenée sur la plage. J'ai regardé le lever du soleil sur la mer. C'était un vrai spectacle! Ensuite, je me suis lavée, j'ai pris mon petit déjeuner et je suis descendue à la plage. Vers neuf heures, nous avons loué deux vélos et nous avons visité la région.

En route, nous avons rencontré deux Italiens très sympathiques (ils s'appellent Marco et Julio). Nous avons fait un pique-nique. L'après-midi, nous nous sommes promenés. Ensuite, nous avons fait un match de volley contre les Italiens. Ils ont perdu! Après le match, je me suis reposée sur la plage. J'ai lu un livre.

Le soir, je me suis lavée puis je suis sortie. Il y avait une grande fête sur la plage. Nous avons dansé et chanté jusqu'à dix heures et demie! Je me suis couchée vers onze heures et j'ai bien dormi!

Et toi, tu t'amuses bien? Dis bonjour à tout le monde. Ecris-moi bientôt!

Salut!

Je t'embrasse

Catherine

16.2

– Bonjour, il y a de la place dans le camping?

– Oui, bien sûr! C'est pour combien de nuits?

– C'est pour cinq nuits.

– C'est pour une caravane ou pour une tente?

– C'est pour une tente.

– Vous êtes combien de personnes?

– Nous sommes quatre, deux adultes et deux enfants.

– Vous avez une voiture?

– Oui, on a une voiture.

– C'est à quel nom?

– Dupuis. D-U-P-U-I-S.

– Voilà, prenez l'emplacement numéro 14. Bon séjour!

– Merci, au revoir!

16.3

– Il y a un emplacement de libre?

– Oui, pas de problème. C'est à quel nom?

– Cabanet. C-A-B-A-N-E-T.

– D'accord. C'est pour une tente
ou une caravane?

– C'est pour une tente.

– Vous êtes combien?

– Nous sommes trois, deux
adultes et un enfant.

– C'est pour combien de nuits?

– C'est pour trois nuits. Il y a un
lavabo ici?

– Oui, il y a un lavabo et des
douches.

– Il y a une piscine?

– Non, il n'y a pas de piscine.

– On peut faire de la voile?

– Non, mais on peut faire de la
planche à voile.

EN FRANÇAIS, S'IL VOUS PLAÎT!

■ *Découvrez Les Règles!*

PASSÉ COMPOSÉ – VERBES RÉFLÉCHIS (SEE GRAMMAR SECTION, PAGE 288-89)

What is a reflexive verb?

Read over 16.1 and find examples.

Conjugate **se laver** in the present tense.

se laver (present tense)

je	me	____	nous	____	____
tu	____	____	vous	____	____
il	____	____	ils	____	____
elle	____	____	elles	____	____

Now read over 16.2 and find reflexive verbs in the **passé composé**.

How is the **passé composé** formed? State a rule and give examples.

Do reflexive verbs use **avoir** or **être** in the **passé composé**?

Can you explain why the past participle of reflexive verbs can be spelled in different ways?

Conjugate **se laver** in the **passé composé**.

se laver (passé composé)

je	me	suis	lavé(e)	____	nous	sommes	lavé(e)s
tu	t'	____	lavé(e)	Vous	____	êtes	lavé(e)(s)
il	____	est	lavé	Ils	se	____	lavés
elle	s'	____	lavée	____	se	sont	____

FAIRE DU CAMPING

Read over the two dialogues (16.2, 16.3) again. What would you say in French if you wanted:

to ask if there is space available? (two ways)

to ask how much it costs?

to say how long you are staying for?

to ask if there is a swimming pool?

to ask if there are showers?

to ask if it is possible to go sailing?

■ *A Vous!*

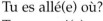

Répondez aux questions.

Tu as déjà fait du camping?	Qu'est-ce que tu as fait?
Tu es allé(e) où?	Il a fait quel temps?
Tu es parti(e) avec qui?	C'était comment?

236
DEUX CENT TRENTE-SIX

16.4
Ecoutez et complétez la grille dans votre cahier.

	Combien de personnes?	Tente ou caravane?	Combien de nuits?	Numéro de l'emplacement	Prix
1.					
2.					
3.					

16.5
Remettez les phrases dans l'ordre.
The following two dialogues have been mixed up. Put the sentences in the right order. Listen to the tape to see if you were right. Then read the dialogue with your partner.

1.
C'est pour une caravane ou pour une tente?
C'est pour deux semaines.
C'est à quel nom?
Nous sommes trois: deux adultes et un enfant.
Il y a de la place dans le camping?
C'est pour une caravane.
C'est pour combien de nuits?
Delarue. D-E-L-A-R-U-E.
Voilà, prenez l'emplacement numéro six.
Oui. Vous êtes combien?

2.
C'est pour cinq nuits. Ça fait combien?
Nous sommes cinq: deux adultes et trois enfants.
C'est pour une caravane.
Dupont. D-U-P-O-N-T.
Oui. C'est pour une tente ou pour une caravane?
Vous êtes combien?
Voilà, cinq cent quarante francs.
C'est pour combien de nuits?
Il y a un emplacement de libre?
Ça fait cinq cent quarante francs, s'il vous plaît.
C'est à quel nom?
Merci! Prenez l'emplacement numéro vingt-trois.

le _e_ muet

When speaking informally, the French speakers often drop the 'e' at the end of a word or within a word. Listen to the following words or sentences being read out in both a formal and an informal way.

1. La semaine prochaine
2. Il y a de la place.
3. Je me lève tôt.
4. Ma petite soeur
5. Je peux effacer le tableau?

Listen to the following sentences and say whether they are being read out in a formal or an informal way.

1. Pas de problème.
2. Il n'y a pas de place.
3. C'est pour combien de personnes?
4. Mon petit frère.
5. Tu te lèves à quelle heure?

Now repeat each of the above sentences in both a formal and an informal way.

JEUX DE RÔLE

1.
– (Ask if there is a space available.)
– Oui, pas de problème. C'est pour combien de personnes?
– (Say how many people there are.)
– C'est à quel nom?
– (Trinqualie. Spell the name.)
– C'est pour combien de nuits?
– (Say how long you wish to stay for.)
– C'est pour une tente ou pour une caravane?
– (Say that you have a caravan.)
– D'accord. Prenez l'emplacement numéro trente-trois.
– (Ask how much it costs.)
– (Give a price.)

2.

A (un campeur/une campeuse) says hello and asks if there is a space available.

B (le gardien/la gardienne) says yes and asks how long A wishes to stay for.

A wishes to stay a week.

B asks how many people there are.

A says six people: three adults and three children.

B asks for the name.

A says Campanelle.

B doesn't understand.

A spells Campanelle.

B asks if they have a tent or a caravan.

A says it is for a caravan.

B tells A to take place number 18.

A asks how much it costs.

B says 320 francs.

A asks if there is a pool.

B says yes.

A asks if one can play tennis.

B says yes.

A thanks B.

B replies.

3.

A and his/her family arrive at the campsite 'Les flots bleus' located in Royan, north of Bordeaux. B is the caretaker.

A says hello and asks if there is a space available.

B says yes and asks the name.

A says Rastignac.

B asks how many people there are.

A says there are 4 people (2 adults and 2 children) and a dog.

B asks if A is staying in a tent or in a caravan.

A has a caravan.

B gives the price.

CAMPING
Les flots bleus ★★★★
Domaine des Alicourts
Royan
VUE MAGNIFIQUE SUR L'ATLANTIQUE!

Bar/Buvette – Piscine – Salle de télévision – Restaurant – Tennis – Magasin d'alimentation – Douches chaudes – Planche à voile – Bureau de change

TARIFS

Emplacement Tente:	5 F
Emplacement Caravane+Voiture:	10 F
Voiture:	3 F
Adulte:	10 F
Enfant (moins de 12 ans):	5 F
Animaux:	4 F

A hands over the money and asks if there is a pool.
B answers.
A asks if one can play tennis.
B answers.
A asks if one can go sailing.
B replies.
A asks if there is a shop.
B replies.
A thanks B.
B replies.

16.7

Ecoutez les trois dialogues et remplissez une fiche de réservation dans votre cahier.

Nom:	
Nombre de personnes:	
Adultes:	
Enfants:	
Tente:	
Caravane:	
Voiture:	
Moto:	
Nombre de nuits:	
Emplacement numéro:	
Prix:	

Choisir un camping

Match each symbol with the correct caption.

Example: a = 13

a. b. c. d. e. f. g. h.

i. j. k. l. m. n. o. p.

1. piscine
2. douche
3. voile
4. vélo
5. électricité
6. machine à laver
7. planche à voile
8. bureau de change
9. mini-golf
10. équitation
11. magasin d'alimentation
12. pêche
13. téléphone
14. restaurant
15. bar
16. tennis

Find the gender of all the above words. Then classify them according to whether they are facilities or activities. You could work with your partner!

Qu'est-ce qu'il y a?	*Qu'est-ce qu'on peut faire?*
<u>Equipements</u>	<u>Activités</u>
un téléphone	du tennis
...	...

Reliez un élément de chaque colonne.

Je mange	dans la machine à laver.
Je me lave	dans la piscine.
Je change de l'argent	dans le restaurant.
Je lave mes vêtements	dans le magasin d'alimentation.
Je nage	dans le bar.
Je bois une limonade	dans le bureau de change.
Je fais les courses	dans le lavabo.

16.8
Ecoutez et complétez la grille dans votre cahier.

Listen to three young people describing the campsite they are in. Name at least two facilities and two activities for each person.

	location of campsite	facilities	activities
1.			
2.			
3.			

CAMPING EN CORSE

Match each picture with the relevant text. Then choose one of the campsites and explain your choice.

Exemple:

Tu as choisi quel camping?

J'ai choisi le camping ____,

parce qu'il y a ____

parce qu'on peut faire ____

Le lac de Calacuccia, dans la région de Corte

Le Golfe de Porto

La vallée du Fango, au sud de Calvie

La plage de Palombaggia, au nord de Bonifacio

Aiguilles de Bavella, près de Sartene

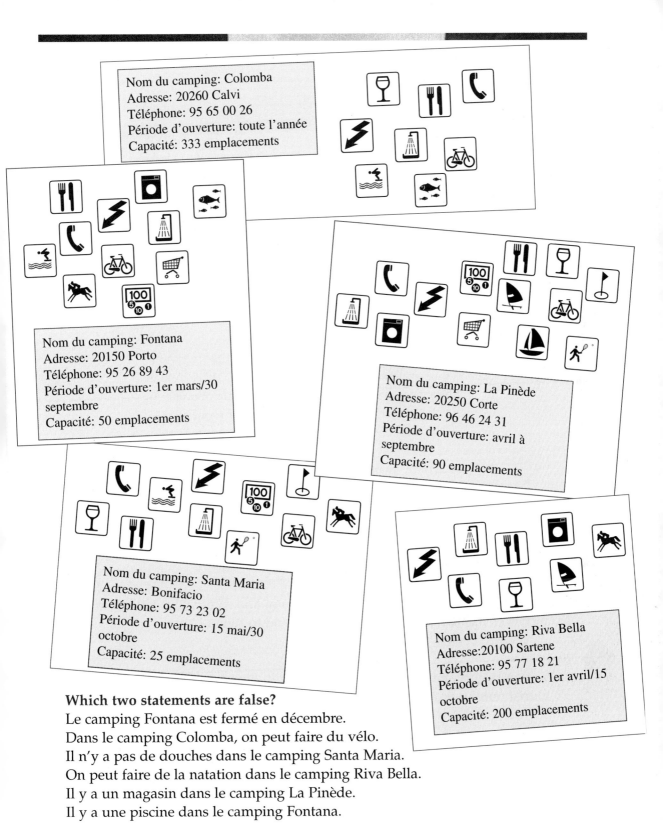

Nom du camping: Colomba
Adresse: 20260 Calvi
Téléphone: 95 65 00 26
Période d'ouverture: toute l'année
Capacité: 333 emplacements

Nom du camping: Fontana
Adresse: 20150 Porto
Téléphone: 95 26 89 43
Période d'ouverture: 1er mars/30 septembre
Capacité: 50 emplacements

Nom du camping: La Pinède
Adresse: 20250 Corte
Téléphone: 96 46 24 31
Période d'ouverture: avril à septembre
Capacité: 90 emplacements

Nom du camping: Santa Maria
Adresse: Bonifacio
Téléphone: 95 73 23 02
Période d'ouverture: 15 mai/30 octobre
Capacité: 25 emplacements

Nom du camping: Riva Bella
Adresse:20100 Sartene
Téléphone: 95 77 18 21
Période d'ouverture: 1er avril/15 octobre
Capacité: 200 emplacements

Which two statements are false?
Le camping Fontana est fermé en décembre.
Dans le camping Colomba, on peut faire du vélo.
Il n'y a pas de douches dans le camping Santa Maria.
On peut faire de la natation dans le camping Riva Bella.
Il y a un magasin dans le camping La Pinède.
Il y a une piscine dans le camping Fontana.

Galway, le 28 février

Kevin Duffy
22, The Elms
Galway
Irlande

Agence du Tourisme de la Corse
17, Bd Roi-Jérôme
20000 Ajaccio
France

Madame, Monsieur,

Je voudrais réserver un emplacement pour une caravane,
pour deux semaines, du 25 mars au 7 avril. Nous sommes
trois personnes: deux adultes et un enfant. Je cherche un
camping où l'on peut faire du tennis et dans lequel il y a
l'électricité, une douche et une machine à laver. Nous aimons
la mer, la nature et le calme.
Veuillez agréer, Madame, Monsieur, l'expression de mes
sentiments distingués.

Kevin Duffy

Imagine you work at the tourist office in Corsica and receive this letter from
Ireland. Which campsite would you recommend to Kevin Duffy?

Ecrivez!

1. You and your family intend to go camping in France this summer. Write to the
   tourist office (address below).
   Say that you wish to book a place for two weeks;
   give dates;
   give number of people (adults + children);
   enquire about facilities and activities;
   give your preference as to the location of the campsite.

Comité Régional du Tourisme de Bretagne
74 B, rue de Paris
35069 Rennes CEDEX
France

2. Write to:
    Camping Le Ranolien
    22700 Perros Guirec
    France

Say that you wish to book a place for one week:
give dates;
ask if there is any space available;
say how many people there are (adults + children);
enquire about facilities and activities.

L'ILE DE BEAUTÉ

Napoleon

Ajaccio, port principal de l'île

Le maquis

La cuisine au fromage

Ajaccio, le 22 août

Cher Henri,

Comment vas-tu? Moi, je vais très bien. Je suis arrivée dans l'Ile de Beauté, hier matin, avec ma famille. J'ai pris le bateau de Marseille. La mer était calme et la traversée était agréable. Ici, il fait une chaleur incroyable! Je bois de l'eau toute la journée pour ne pas me déshydrater.

Les paysages sont magnifiques. Sur la côte, il y a de grandes plages, des baies, des golfes et la mer est turquoise. Dans le centre de l'île, il y a des montagnes presque aussi hautes que dans les Alpes (on peut faire du ski en hiver!). Dans le maquis, la végétation est très dense.

Ce matin, je me suis réveillée très tôt, avant la grosse chaleur. Je me suis promenée dans la ville. J'ai visité la 'Casone', la maison où Napoléon est né.

A midi, nous avons déjeuné dans un restaurant au bord de la mer. Mon frère n'a pas aimé la nourriture. La cuisine corse est vraiment différente de la cuisine parisienne! Ici, on mange beaucoup d'ail et de fromage de chèvre.

Après le déjeuner, je me suis reposée un peu. Ensuite, nous sommes partis d'Ajaccio et nous avons visité la région. Je me suis promenée dans le maquis.

Après, nous sommes rentrés au camping. C'est à 300 mètres de la mer. C'est génial! Il y a une grande piscine et un terrain de sport. On peut jouer au foot ou au volley. J'ai rencontré des jeunes très sympas.

Maintenant, je vais me coucher parce que je suis fatiguée!

J'espère que tu passes de bonnes vacances et que tu t'amuses bien.

Dis bonjour à ta famille de ma part.

Salut!

A bientôt!

Aurélie

Find in the letter words or expressions for:
la Corse
il fait très chaud
la mer est bleue

Answer the questions in English.
When did Aurélie arrive in Corsica?
How did she get there?
Name two geographical features of Corsica.
What is 'le maquis'?

True or false?

Aurélie woke up early in the morning because of the cold.

Napoleon was born in Corsica.

Aurélie's campsite isn't far from the sea.

Many Corsican dishes contain garlic and goat's cheese.

After lunch, Aurélie went for a walk on the beach.

Mettez les verbes au passé composé.

Exemple:

Paul se lave dans le lavabo.

Hier, Paul s'est lavé dans le lavabo.

a. Ils se couchent tôt.

b. Marie et Francine se réveillent à 9 heures.

c. Jeanne va à la plage.

d. Je mange un croissant.

e. Tu te promènes sur la plage.

f. Elles s'habillent.

g. Vous vous réveillez à quelle heure?

h. Laurent et Stéphane se lavent dans la rivière.

i. Je me couche à 10 heures.

j. Nous nous amusons.

k. Il se repose.

16.9

Une journée habituelle

Before listening to Caroline describing her daily routine, answer the following questions in French.

D'habitude, tu te réveilles à quelle heure?

Tu prends ton petit déjeuner à quelle heure?

Tu arrives au collège à quelle heure?

Tu déjeunes à quelle heure?

Tu rentres chez toi à quelle heure?

Qu'est-ce que tu fais le soir?

D'habitude, je me réveille à sept heures. Je me lave et je m'habille. A sept heures et quart, je descends à la cuisine et je prends mon petit déjeuner. A sept heures et demie, je prends le bus. J'arrive au collège à huit heures moins cinq. A midi, je déjeune à la cantine. A cinq heures, je rentre chez moi. Je mange mon goûter et je me repose. Je bavarde avec mes parents. Je me promène avec mon chien.

Vers six heures, je fais mes devoirs. A huit heures, je dîne et je regarde les informations à la télévision. Ensuite, je révise mes leçons. Je me couche vers dix heures.

Rewrite the text in the *passé composé*.
Hier, je me suis réveillée à ...

Now imagine how Caroline spends her days when she's on holidays. Write a
passage in the present tense using the following verbs:
se réveiller – s'habiller – se laver – prendre le petit déjeuner – faire de ... – jouer à
... – aller – se promener – rencontrer – visiter – se reposer – se coucher

Pendant les vacances, Caroline se réveille à ...

Imagine you are spending your holidays in the following campsite.
Write a letter to your penpal.
Say where you are and who you are with.
Mention some of the facilities and activities on offer.
Describe what you do on a normal day.
Describe the weather.
Say what you did yesterday (got up early/fished/met a nice boy/girl/visited
Lorient/went to the beach/danced/went to bed late).
Enquire about your penpal.

CAMPING Le TY-NADAN****

ROUTE D'ARZANO
F.29310 LOCUNOLÉ
TEL. 33/98 71 75 47
FAX 33/98 71 77 31

Un endroit idyllique pour découvrir la Bretagne!
Situé au nord de Lorient, à 20 minutes seulement des
plages de l'Atlantique!
OUVERT DU 1ER MAI AU 10 SEPTEMBRE
piscine, sauna, tennis, mini-golf, pêche,
canoë, tir à l'arc, vtt.
activités et animations (barbecue, méchoui, danse ...)
Restaurant, crêpe, pizzeria, bar, magasin d'alimentation,
machine à laver, bureau de change.

■ *Sommaire*

RÉVISION

verbes réguliers (-er)
verbes réfléchis
articles partitifs
les directions

COMMUNICATION

acheter un produit

LE FRANÇAIS EN CLASSE

Je peux demander un stylo?

GRAMMAIRE

verbes irréguliers (-er) au présent

PHONÉTIQUE

opposition é/è

CIVILISATION

la monnaie française
produits et magasins en France
les fromages

REGARDEZ!

5 centimes

10 centimes

20 centimes

1 franc

2 francs

5 francs

10 francs

20 francs

50 francs

100 francs

200 francs

500 francs

What is the Irish equivalent for each of these coins or notes?
What is the motto inscribed on each coin?

Find out who the following people were. When did they live? What are they famous for?

Antoine de Saint-Exupéry

Blaise Pascal

Eugène Delacroix

Charles de Montesquieu

REGARDEZ ET REPONDEZ!

Match each item with the appropriate shop.

Exemple:

J'achète des romans dans une librairie.

J'achète	des livres	dans une pâtisserie.
Tu achètes	du pain	dans une papeterie.
Il achète	du fromage	dans une boulangerie.
Elle achète	de l'aspirine	dans une librairie.
On achète	des tomates	dans une poissonnerie.
Nous achetons	des légumes	dans une pharmacie.
Vous achetez	du pâté	dans une charcuterie.
Ils achètent	de la viande de cheval	dans une boucherie
Elles achètent	de la viande	chevaline.
	une baguette	dans une épicerie.
	du porc	au marché.
	des cahiers	dans une boucherie.
	des romans	
	des médicaments	
	des éclairs	
	du lait	
	du sucre	
	du saumon	
	du bifteck	
	des stylos	

■ *Ecoutez puis lisez!*

17.1

– Bonjour, vous désirez?

– Bonjour, donnez-moi un kilo de tomates, un kilo de pommes de terre et une livre de carottes, s'il vous plaît.

– Alors, un kilo de tomates, un kilo de pommes de terre, 500 grammes de carottes ... et avec ça?

– Ce sera tout, merci. Ça fait combien?

– Ça fait douze francs et cinquante centimes, s'il vous plaît.

– Voilà, douze francs cinquante. Au revoir!

– Merci bien, au revoir!

17.2

– Vous désirez?

– Bonjour, je voudrais trois steaks, s'il vous plaît.

– Voilà. Et avec ça?

– Je voudrais deux tranches de jambon.

– Voilà. Ce sera tout?

– Oui, merci. Ça fait combien?

– Alors, trois steaks et deux tranches de jambon ... Ça fait quarante-cinq francs, s'il vous plaît.

– Voilà cinquante francs.

– Merci, et votre monnaie. Bonne journée!

– Merci, au revoir!

17.3

– Bonjour, je voudrais cinq cents grammes de beurre, deux litres de lait et une douzaine d'oeufs s'il vous plaît.

– Ce sera tout?

– Oui, merci. Ça fait combien?

– Alors, cinq cents grammes de beurre, deux litres de lait et une douzaine d'oeufs, ça fait trente-cinq francs.

– Voilà, trente-cinq francs.

– Et votre monnaie. Merci!

– Merci, au revoir!

– Au revoir!

Which items did Monsieur Longuet forget to buy?

1 kg de tomates

2 kg de pommes de terre

500g de carottes

1 kg de pommes

3 steaks

2 tranches de jambon

1 kg de sucre

500g de beurre

2 litres de lait

une douzaine d'oeufs

une bouteille de vin

Pardon Madame, je peux emprunter une règle à Joseph, s'il vous plaît?

■ *Découvrez Les Règles!*

F<small>AIRE LES COURSES</small>

Read again over the dialogues. What would you say in French if you wanted:

to ask for an item? (2 ways)

to ask how much it costs?

to buy a pound of butter? (2 ways)

to buy a kilo of ...?

to buy a slice of ...?

to buy 12 eggs?

V<small>ERBES IRRÉGULIERS EN</small> -*ER* (<small>SEE GRAMMAR SECTION, PAGE</small> **291-94**)

How do you conjugate regular -**er** verbs in the present tense?
State a rule and give examples.
Now look very closely at **acheter** in the present tense (page 251).
What is irregular about this verb?
Conjugate the following irregular -**er** verbs in the present tense.

appeler (to call)		**lever** (to lift)	
j′	appelle	je	lève
tu	appelles	tu	____
il/elle/on	____	il/elle/on	____
nous	____	nous	levons
vous	appelez	vous	____
ils/elles	____	ils/elles	____

Conjugate **s'appeler** (to be called) and **se lever** (to get up) in the present tense.

C.
– Donnez-moi aussi une douzaine d'oeufs. Ça fait combien?
– Et avec ça?
– Voilà quarante francs.
– Bonjour, je voudrais une livre de beurre et trois litres de lait, s'il vous plaît.
– Merci, au revoir!
– Alors, cinq cents grammes de beurre, trois litres de lait et une douzaine d'oeufs,
  ça fait trente-huit francs.
– Et votre monnaie. Merci et bonne journée!

17.8
C'est combien?

You will now hear a recording made at a market place in France. Both
greengrocers you see on the picture shout out the prices of some of the fruit and
vegetables they sell. Listen carefully and write down the prices you hear.

Pardon Madame, je peux emprunter une règle à Joseph, s'il vous plaît?

■ *Découvrez Les Règles!*

FAIRE LES COURSES

Read again over the dialogues. What would you say in French if you wanted:

to ask for an item? (2 ways)

to ask how much it costs?

to buy a pound of butter? (2 ways)

to buy a kilo of ...?

to buy a slice of ...?

to buy 12 eggs?

VERBES IRRÉGULIERS EN -*ER* (SEE GRAMMAR SECTION, PAGE 291-94)

How do you conjugate regular -**er** verbs in the present tense?

State a rule and give examples.

Now look very closely at **acheter** in the present tense (page 251).

What is irregular about this verb?

Conjugate the following irregular -**er** verbs in the present tense.

appeler (to call)		**lever** (to lift)	
j'	appelle	je	lève
tu	appelles	tu	____
il/elle/on	____	il/elle/on	____
nous	____	nous	levons
vous	appelez	vous	____
ils/elles	____	ils/elles	____

Conjugate **s'appeler** (to be called) and **se lever** (to get up) in the present tense.

17.4

C'est où?

Find out where the conversations are taking place.

	à la boucherie	au marché	à la boulangerie	à la poissonnerie	à la papeterie
1.					
2.					
3.					
4.					
5.					

QU'EST-CE QU'ON PEUT ACHETER?

Write out the items that you can buy in the following shops. If you don't know the meaning of some words, check the vocabulary list!

1. A la librairie, on peut acheter
   a. des romans
   b. de la crême
   c. des dictionnaires
   d. des cerises

2. A la charcuterie, on peut acheter
   a. des saucisses
   b. du pâté
   c. du pain
   d. du jambon

3. A l'épicerie, on peut acheter
   a. du vinaigre
   b. de la farine
   c. de la moutarde
   d. des médicaments

4. Au marché, on peut acheter
   a. des poires
   b. des concombres
   c. des laitues
   d. des enveloppes

17.5

Listen carefully to the following names of fruit and vegetables. Write them into your copy as you hear them being read out.

A. LES FRUITS

B. LES LÉGUMES

17.6

Ecoutez les dialogues et complétez la grille dans votre cahier!

	items bought	total price paid
1. At the market		
2. At the baker's		
3. At the butcher's		

17.7

Remettez les phrases dans l'ordre.

The three following dialogues have been mixed up. Put the sentences in the right order and find out where each of the dialogues takes place. Then listen to the tape to see if you were right.

A.
– Bonjour, donnez-moi une livre de tomates, un chou-fleur et un kilo de pommes, s'il vous plaît.
– Merci bien, au revoir!
– Bonjour, vous désirez?
– Alors, 500 grammes de tomates, un chou-fleur et un kilo de pommes ... et avec ça?
– Je voudrais aussi un kilo de pêches. Ça fait combien, au total?
– Voilà. Au revoir!
– Ça fait vingt-deux francs, s'il vous plaît.

B.
– Voilà, un gigot d'agneau. Ce sera tout?
– Merci, au revoir!
– Oui, merci. Ça fait combien?
– Donnez-moi un gigot d'agneau.
– Vous désirez?
– Alors, un rôti de boeuf et un gigot d'agneau ... Ça fait cent dix francs, s'il vous plaît.
– Voilà un billet de deux cents francs.
– Merci, et votre monnaie. Bonne journée!
– Voilà. Et avec ça?
– Bonjour, je voudrais un rôti de boeuf, s'il vous plaît.

C.

– Donnez-moi aussi une douzaine d'oeufs. Ça fait combien?

– Et avec ça?

– Voilà quarante francs.

– Bonjour, je voudrais une livre de beurre et trois litres de lait, s'il vous plaît.

– Merci, au revoir!

– Alors, cinq cents grammes de beurre, trois litres de lait et une douzaine d'oeufs, ça fait trente-huit francs.

– Et votre monnaie. Merci et bonne journée!

17.8

C'est combien?

You will now hear a recording made at a market place in France. Both greengrocers you see on the picture shout out the prices of some of the fruit and vegetables they sell. Listen carefully and write down the prices you hear.

1. tomatoes		
2. apples		
3. cauliflowers		
4. potatoes		
5. carrots		
6. melons		

17.9
Ecoutez puis complétez le dialogue.

– Bonjour! Vous désirez?
– (Say you would like one pound of French beans, half a pound of strawberries
   and 1 kilo of carrots.)
– Et avec ça?
– (Ask the price of pears.)
– Les poires, c'est dix francs le kilo.
– (Say you would like two kilos of pears.)
– Ce sera tout?
– (Say yes and ask for the price.)
– Ça fait vingt-huit francs.
– (Say here you are.)
– Merci bien, et votre monnaie. Au revoir!
– (Say thank you and goodbye.)

PRONONCEZ BIEN!

17.10
opposition é/è

Ecoutez et répétez.

légume	acheté	vinaigre
c'est	lait	j'achète
négatif	sel	

Listen to the following words/sentences and say whether they sound like légume or lait.

	légume	lait
1. éclair		
2. épicerie		
3. steak		
4. règle		
5. marché		
6. je voudrais		
7. Il achète		
8. fraise		
9. monnaie		
10. café		

JEUX DE RÔLE

1. **Au marché**

   A would like one kilo of oranges, a pound of tomatoes and one kilo of potatoes.

   B asks if A would like anything else.

   A wants a pound of bananas.

   A asks B how much it costs.

   B goes over the items A bought and says it amounts to 19 F.

   A says here you are and hands over 20 F.

   B says thank you, hands back the change and says goodbye.

   A replies.

2. **A la boulangerie**

   A says hello.

   B says hello and asks what A would like.

   A would like two baguettes.

   B says here you are and asks if A would like anything else.

   A would like three croissants and two eclairs.

B says here you are and asks if that's all A wants.

A says yes and asks how much it costs.

B goes over all the items bought and says the total amounts to 27 F.

A says here you are and gives 30 F.

B says thank you and hands back the change.

A says goodbye.

B says have a nice day.

DAVID FAIT LES COURSES

17.11

Listen to Madame Kessel asking her son David to go shopping. Is David's list correct?

17.12

You will now hear David at the grocer's. Does he buy all the items on his list? What additional items does he buy? How much does he spend?

pommes de terre

1 kg d'oranges

1 kg de raisins

viande

1 camembert

une douzaine d'oeufs

lait

yaourts

biscuits

1 bouteille de vin rouge

1 bouteille d'eau minérale

LES FROMAGES DE FRANCE

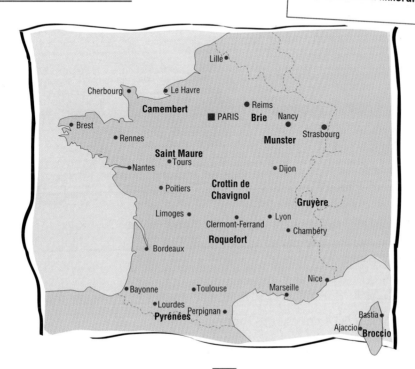

LISEZ!

La France produit 340 variétés de fromage. Ils sont exportés dans le monde entier. La plupart des fromages portent le nom de leur ville ou région d'origine, comme le Cantal, le Brie de Meaux, le Pyrénées, le gris de Lille, le Mâcon, le Vendôme bleu, le bleu d'Auvergne, le Munster, le Fontainebleau ...

Dans la moitié nord de la France, le fromage est généralement fait avec du lait de vache. Dans le centre du pays, on utilise beaucoup de lait de chèvre. Dans la moitié sud de la France et en Corse, on fabrique souvent le fromage avec du lait de brebis.

On peut acheter du fromage dans les supermarchés, les magasins d'alimentation ou dans une crèmerie.

En France, on mange toujours le fromage avec du pain, avant le dessert. D'après les statistiques, chaque Français mange 20,4 kilos de fromage par an! En comparaison, les Irlandais mangent 3,6 kilos de fromage tous les ans.

COMPREHENSION

1. How many kinds of cheese are there in France?
2. Where do their names generally come from?

3. True or false?

   In Normandy, cheese is generally made from cow's milk.

   In central France, cheese is usually made from ewe's milk.

   In Corsica, cheese in often made from goat's milk.
4. Where can you buy cheese in France?
5. The French eat cheese after dessert. True or false?
6. What is the average consumption of cheese in France?

   How does this compare with cheese consumption in Ireland?

Où est la boulangerie?

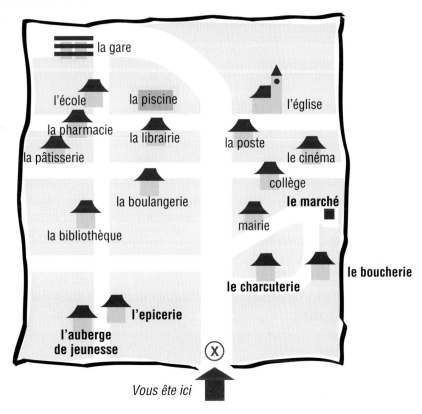

 Trouvez la question.

Exemple:

Excusez-moi, où est la mairie, s'il vous plaît?

Vous continuez tout droit et vous prenez la deuxième rue à droite. C'est sur la gauche.

1. ____?

   Vous allez tout droit et vous prenez la troisième rue à gauche. Vous traversez le boulevard. C'est sur la gauche.

2. ____?

Vous continuez tout droit et vous prenez la deuxième rue à gauche. Vous traversez le boulevard. C'est sur la droite.

3. ____?

Vous continuez tout droit et vous prenez la quatrième rue à droite. C'est sur la droite.

4. ____?

Vous prenez la première rue à droite. Vous continuez tout droit. C'est sur la droite.

5. ____?

Vous prenez la première rue à gauche et vous tournez à gauche au boulevard. C'est sur la gauche.

TROUVEZ LA DESTINATION!

17.13

Listen to the directions and read the map.

	destination
1.	
2.	
3.	
4.	
5.	

PARLEZ!

Look at the map and write several dialogues using the cues provided below. Work with your partner.

A asks for directions.
B gives directions.
A repeats the directions given by B.
B says whether they are correct or not.
A thanks B.
B answers.

Pardon, il y a un/une ____ près d'ici?
Excusez-moi (Monsieur/Madame), où est le/la ____ ?

C'est simple.
C'est compliqué.

Tu continues
Vous continuez   tout droit

Tu prends   rue à droite
Vous prenez   la première (deuxième, troisième_____)   à gauche

C'est sur la droite/gauche.
Merci (bien).
De rien.

C'est où?

17.14

Listen to five dialogues. Can you find out where each of them is taking place?

Dialogue 1: _____   Dialogue 4: _____
Dialogue 2: _____   Dialogue 5: _____
Dialogue 3: _____

Organisez!

Set up a market and shops in the class.
1. Draw French money and all the items you have learned on cardboard.
    You could divide the work between several groups.
    Group 1 draws money.
    Group 2 draws fruits.
    Group 3 draws vegetables.
    Group 4 draws meat, poultry.
    Group 5 draws bread and pastries.
    Group 6 draws cheese, butter, yoghurt, eggs, sugar, bottles of milk, water, lemonade.
2. Make up a price tag for each item.
3. Set up a market place with three stalls: a butcher's shop; a baker's shop; a grocer's shop.
4. Find six volunteers who will be the shopkeepers.
5. Find three volunteers who will be the customers. Give them a shopping list each.
6. The rest of the class watches and listens.
7. Take turns!

QU'EST-CE QUE TU AS ACHETÉ?

Match each noun with the appropriate article and write the sentence in your copy (check the gender and number of each noun).

Exemples:

J'ai acheté **de la** confiture.

J'ai acheté **du** pain.

	du	de la	de l'	des	
J'ai acheté		✓			confiture
					pain
					beurre
					eau minérale
					thé
					café
					lait
					enveloppes
					jus de fruit
					croissants
					vin rouge
					fromage
					viande
					légumes
					yaourts
					saucisson
					farine

DIX-HUIT
QU'EST-CE QUE TU VAS FAIRE?

■ *Sommaire*

RÉVISION

passé composé
les activités de week-end

COMMUNICATION

inviter
accepter/refuser
faire des projets/parler au futur

LE FRANÇAIS EN CLASSE

J'ai perdu un livre. J'ai trouvé un stylo.

GRAMMAIRE

le futur proche

PHONÉTIQUE

le yod

CIVILISATION

la Normandie

■ *Ecoutez!*

18.1

Fabienne: Allô, Maurice?
Maurice: Oui?
Fabienne: Bonjour, C'est Fabienne. Comment vas-tu?
Maurice: Salut Fabienne, ça va bien! Et toi?

Fabienne: Ça va pas mal. J'organise une boum chez moi vendredi soir.
            Tu veux venir?
Maurice: Oui, je veux bien. A quelle heure?
Fabienne: A six heures.
Maurice: D'accord. A six heures vendredi soir chez toi.
Fabienne: Oui. Salut!
Maurice: Salut Fabienne, et merci!

18.2

Catherine: Allô?
Paul: Allô, Catherine, C'est Paul! comment vas-tu?
Catherine: Bonjour, Paul. Ça va bien et toi?
Paul: Je vais très bien. J'organise une fête samedi prochain. Tu veux venir?
Catherine: Oui, je veux bien. A quelle heure?
Paul: A cinq heures.
Catherine: D'accord. On se retrouve où?
Paul: Chez moi.
Catherine: D'accord, rendez-vous chez toi, samedi prochain à cinq heures.
Paul: C'est ça. Salut! A samedi!
Catherine: Salut Paul et merci pour l'invitation!

18.3

Georges: Allô, Isabelle!
Isabelle: Oui?
Georges: C'est Georges. Comment vas-tu?
Isabelle: Salut Georges. Je vais bien, merci. Et toi?
Georges: Ça va bien. Je vais au cinéma, ce soir. Tu veux venir?
Isabelle: Je ne peux pas. Je dois faire mes devoirs.
Georges: Et demain soir, tu peux?
Isabelle: Non, je ne peux pas. Je dois aller chez ma grand-mère. Une autre fois
            peut-être.
Georges: D'accord. Salut!
Isabelle: Salut!

Toulouse, le 15 mai

Cher Jean-François,

Comment vas-tu? Moi, je vais très bien. Je suis allée au cinéma hier soir. J'ai vu un film avec Brad Pitt. C'était génial!

Claire a téléphoné aujourd'hui. Elle va organiser une boum chez elle samedi soir. Je suis vraiment contente parce que mes parents sont d'accord. Je vais aller à la boum. On va bien s'amuser!

Demain, je vais acheter un nouveau jean et un tee-shirt. Samedi matin, je vais préparer un gâteau. Samedi soir, je vais apporter des disques et je vais danser, danser, danser!

Et toi, qu'est-ce que tu vas faire pendant le week-end? Ecris-moi vite ou téléphone-moi pour me dire tes projets.

Dis bonjour à ta famille de ma part.

Grosses bises!

A bientôt!

Marie

Découvrez Les Règles!

A. INVITATIONS

Read over the dialogues. What would you say in French if:

you wanted to invite someone?
you wanted to accept an invitation?
you wanted to refuse an invitation?
you wanted to explain why you can't accept it?
you wanted to ask at what time you should meet?
you wanted to ask where you should meet?

B. LE FUTUR PROCHE

Read Marie's letter again. Which events occurred in the past? Which events will take place in the future?
How do you express the future in French?
Find all the verbs conjugated in the future and write them in your copybook.

In French, the **futur proche** is made up of two parts. True or false? Give an explanation.
Complete this rule and learn it off by heart.
futur proche = ... + infinitive

A Vous!

18.4

Listen to some teenagers ringing up their friends to arrange a meeting.

	What are their plans?	Where will they meet?	What day?	What time?
1.	To play football.	At the youth club.	Saturday.	2.00 p.m.
2.				
3.				
4.				

18.5

Remettez les phrases dans l'ordre.

The three following dialogues have been mixed up. Put the sentences in the right order. Then listen to the tape to see if you were right.

1.

D'accord! Rendez-vous chez toi, samedi après-midi à cinq heures.

Oui, je veux bien. A quelle heure?

A cinq heures.

J'organise une boum, samedi après-midi. Tu veux venir?

2.

On se retrouve où?

Je vais à la piscine, mercredi. Tu veux venir?

On se retrouve à la MJC.

D'accord! Rendez-vous mercredi à deux heures devant la MJC.

A deux heures.

Oui, je veux bien. A quelle heure?

3.

On se retrouve devant la mairie.

Oui, je veux bien. A quelle heure?

D'accord! Rendez-vous demain à onze heures devant la mairie.

On se retrouve où?

Je vais visiter le musée demain. Tu veux venir?

A onze heures.

18.6

Mathieu organise une boum. Il téléphone à ses copains et copines. Qui accepte? Qui refuse et pourquoi?

	accepts	refuses	excuse given for refusal
Corinne		✓	has to visit family
Jean-Hugues			
Julien			
Nathalie			
Stéphanie			

PARLEZ!

Working with your partner, write out dialogues using the cues provided below. Then practise them together.

Allô?

Allô, bonjour, c'est_____ . Comment vas-tu?

Ça va bien merci. Et toi?

Ça va bien.

J'organise	une boum chez moi	vendredi soir.	Tu veux venir?
Je vais	à la piscine	dimanche.	
Je vais	au cinéma	pendant le week-end.	
Je vais	au musée	le week-end prochain.	
Je joue	au foot	mercredi après-midi.	
Je fais	une promenade	samedi matin.	
Je fais	du vélo	la semaine prochaine.	
Je vais	à la MJC	ce soir.	
Je vais	nager	demain.	
Je vais	faire du sport	demain après-midi.	

Non je ne peux pas.   finir mes devoirs.

Je dois   faire mes devoirs.

travailler dans le jardin.

rester à la maison.

rendre visite à de la famille.

aller au cours de musique.

aller en ville.

aller à l'hôpital.

faire les courses.

aider mes parents.

Oui, je veux bien. A quelle heure?

A _____ heure(s).

D'accord. On se retrouve ou?

Chez moi.

Chez toi.

Devant la piscine.

Devant le cinéma.

Devant le musée.

Au stade.

A la Maison des Jeunes.

A la plage.

D'accord. Rendez-vous ____ (place + day + time). Au revoir!

Au revoir!

JEUX DE RÔLE

1.

B says hello on the phone.

A introduces him/herself on the phone and asks how B is.

B says hello, he/she is well and asks how A is.

A is fine. A says he/she is organising a party on Saturday evening and asks if B would like to come.

B accepts the invitation and asks at what time the party is on.

A tells B the party is at 6.00 p.m.

B says alright and thanks A.

A says goodbye.

B says goodbye.

2.

B says hello on the phone.

A introduces him/herself on the phone and asks how B is.

B says hello, he/she is well and asks how A is.

A is very well. A says he/she is going to the sea tomorrow and asks if B would like to come.

B asks at what time.

A says at 1.00 p.m.

B can't go because he/she has to work at home.

A asks if B would like to come to the sea at 5.00 p.m.

B accepts the invitation and asks where they should meet.

A proposes they meet at B's house.

B says alright and recaps (meeting place + day + time).

A says that's right.
B says goodbye and see you tomorrow.
A replies.

18.7
Ecoutez et répondez aux questions!

Dimanche soir. Michelle et Bruno sont au téléphone.

Bruno:	Allô, Michelle!
Michelle:	Oui?
Bruno:	C'est Bruno. Comment vas-tu?
Michelle:	Salut Bruno. Je vais bien, merci. Et toi?
Bruno:	Ça va bien. Qu'est-ce que tu as fait pendant le week-end?
Michelle:	Je suis allée en Bretagne avec mes parents et ma soeur. Nous avons rendu visite à des amis. C'était bien!
Bruno:	Qu'est-ce que tu as fait en Bretagne?
Michelle:	Je me suis promenée au bord de la mer. J'ai nagé un peu. Samedi après-midi, j'ai fait de la voile avec mon père. J'ai aussi fait de la planche à voile. C'est difficile! Je suis tombée souvent!
Bruno:	Il a fait quel temps?
Michelle:	Il y avait du soleil et il a fait chaud. J'ai même bronzé un peu! Et ici, à Paris, il a fait beau?
Bruno:	Non! Il a plu tout le week-end et il a fait froid.
Michelle:	Qu'est-ce que tu as fait pendant le week-end?
Bruno:	Je suis resté à Paris. Vendredi soir, je suis allé chez Pierre. On a joué de la guitare. On a regardé la télévision. On a écouté des disques. C'était bien!
Michelle:	Et samedi, qu'est-ce que tu as fait?
Bruno:	Samedi, j'ai fait la grasse matinée. Je me suis réveillé à dix heures. Ensuite, je suis allé au marché. J'ai fait les courses pour mes parents. L'après-midi, je suis allé à l'entraînement de football, avec l'équipe junior du Paris-Saint-Germain. C'était difficile! Samedi soir, je suis allé voir le match PSG/Marseille au Parc des Princes. C'était super!
Michelle:	Et qui a gagné, le Paris-Saint-Germain ou Marseille?
Bruno:	Marseille, un-zéro.
Michelle:	Pauvre Bruno! Mercredi après-midi, je vais au cinéma. Tu veux venir?
Bruno:	Non, je ne peux pas. Je dois aller à l'entraînement.
Michelle:	Et mercredi soir, tu peux venir?
Bruno:	Mercredi soir, oui, d'accord. A quelle heure?

Michelle:	A six heures.
Bruno:	D'accord, on se retrouve où?
Michelle:	Devant la MJC.
Bruno:	D'accord. Rendez-vous mercredi à six heures devant la MJC.
Michelle:	Salut, à mercredi!
Bruno:	Salut, Michelle!

1. Where did Michelle go during the week-end?
2. Mention two activities she engaged in.
3. Describe the weather in Paris during the week-end.
4. What did Bruno do on Friday night?
5. Which two teams played in the Parc des Princes on Saturday night?
6. Michelle invites Bruno to come along with her to the youth club. True or false?
8. On what day and at what time are they meeting?

18.8

Ecoutez et remplissez la grille dans votre cahier.

Benoît, Fabrice, Chantal and Marissa talk about the week-end. What are their plans?

	plans for Saturday	plans for Sunday
Benoît		
Fabrice		
Chantal		
Marissa		

<u>Prononcez bien!</u>

18.9

the yod

In French, the yod is pronounced as in the word 'yes'.
Ecoutez et répétez.

A.

1. hier – yoyo – yaourt
2. voyage – billet – payer
3. fille – famille – ail

B.

1. bouteille – soleil – reveil
2. nouille – fouille – rouille
3. paille – ail – maille
4. fille – famille – grillé

Remplissez les blancs!

– Qu'est-ce que tu ____ faire
   pendant le week-end?
– Je vais ____ au foot avec mon
   équipe.
– Tu ____ jouer où?
– On ____ jouer à Metz. Et toi,
   qu'est-ce que tu vas ____
   pendant le week-end?
– Samedi, je vais ____ dans le
   jardin. Dimanche, je ____ ____
   de la planche à voile.

Et toi, qu'est-ce que tu vas faire, pendant le week-end?
Mention four things you will do during the week-end. Then ask your partner.

Match a personal pronoun with the appropriate verb form.

Je   allons jouer au basket.
Tu   va manger au restaurant.
Il   vais acheter des bonbons.
Elle   vont prendre le train.
Nous   va faire les courses.
Vous   vont lire une bande dessinée.
Ils   allez partir en vacances?
Elles   vas regarder la télé?

Make 6 sentences.

	il	vais	visiter	au foot.
	nous	vas	manger	Lyon.
Demain	tu	va	jouer	en vacances.
	je	allons	partir	de la planche à voile.
	elles	allez	acheter	des escargots.
	vous	vont	faire	une bande dessinée.

In each of the following sentences:

a. underline the verb in present tense;

b. find the infinitive;

c. rewrite the sentence in the **futur proche**.

Exemple:

a. Tu <u>manges</u> au restaurant.

b. infinitive = manger

c. Tu **vas manger** au restaurant.

1. Je mange un sandwich.
2. Elle fait ses devoirs.
3. Nous regardons la télévision.
4. Je range ma chambre.
5. Qu'est-ce que tu fais?
6. Pierre se lève.
7. Elles jouent au foot.
8. Alain et Henri vont à la plage.
9. Je travaille dans le jardin.
10. Tu rencontres des amis.

Transformez les phrases selon le modèle.

Exemple:

Qu'est ce que tu vas faire demain soir? (aller au cinéma)

Je vais aller au cinéma.

a. Qu'est-ce que tu vas faire pendant le week-end? (faire du tennis)
b. Qu'est-ce qu'il va faire dimanche? (jouer au foot)
c. Qu'est-ce qu'on va faire demain soir? (visiter la Normandie)
d. Qu'est-ce qu'ils vont faire ce soir? (faire une promenade, écouter de la musique)
e. Qu'est-ce que tu vas faire demain? (aller à l'école, jouer au basket)
f. Qu'est-ce qu'elles vont faire la semaine prochaine? (visiter la Normandie)
g. Qu'est-ce que vous allez faire mercredi prochain? (faire une randonnée en montagne)
h. Qu'est-ce que tu vas faire, dimanche? (rendre visite à des amis)

Make 5 sentences.

Aujourd'hui		suis allée	en Bretagne.
Demain		vais faire	un livre de science-fiction.
La semaine dernière	je	ai joué	au basket.
Hier	j'	visite	une glace.
Demain soir		lis	du camping.
La semaine prochaine			Paris.

Vendredi après-midi, dans la salle de classe ...

Qu'est-ce qu'il/elle va faire?

PARLEZ!

La boule de cristal

A wants to know the future and decides to go to a fortune teller (B). Play the scene.

Exemples:

Qu'est-ce que je vais faire demain?

Qu'est-ce que je vais faire en 2015?
Qui est-ce que je vais rencontrer ce week-end?
Où est-ce que je vais aller pendant les vacances?

LES PETITS MOTS

Maman,
Juste un petit mot pour dire que Marc a
téléphoné. Nous allons aller à la piscine. J'ai
rangé ma chambre et j'ai fait la vaisselle. Je vais
rentrer à la maison à quatre heures.
A tout à l'heure,
François

Sébastien,
Merci pour l'invitation mais je ne peux pas venir
à la boum. Malheureusement, je dois aller chez
mon oncle samedi soir. Mille excuses!
A bientôt,
Chloé

Chère Catherine,
Juste un petit mot pour dire que je vais aller à la
plage demain avec des copains. Tu veux venir?
On va faire un pique-nique et on va jouer au
volley. On va bien s'amuser!
Rendez-vous à deux heures chez moi.
A demain, j'espère!
Laurent

Marc,
Juste un petit mot pour dire que j'accepte ton
invitation. J'ai parlé à mes parents et ils sont
d'accord. Je peux aller à la boum! Je vais
apporter des gâteaux et des disques.
A samedi,
Anne

ECRIVEZ!

A. **You are on holidays in Corsica. Leave a note for your friend Michelle including the following:**
You have gone to the beach.
Ask her if she wants to come down.
Tell her you are going to play badminton on the beach.

B. **While on holidays in Belgium, you made friends with a Belgian, Pierre/Pierrette. He/she wants to invite you to a party on Saturday. You called to his/her house but he/she wasn't there. Leave a note saying:**
Thanks for the invitation but you can't go.
Explain that you have to visit friends on Saturday afternoon.
Say that you are going to ring him/her tomorrow.

C. You are staying with your penpal in Caen. While he/she was out, Claude rang and asked you to go the pictures with him/her. Leave a note for your penpal saying that:

Claude rang.

You are going to the pictures.

You are going to see _____ (give the name of a film).

You will be back at 6.15 p.m.

UNE LETTRE DE NORMANDIE

Cherbourg, le 15 mai

Cher Chris,

Je suis ta nouvelle correspondante française. Je m'appelle Estelle Ramy. J'ai quinze ans. Mon anniversaire est le 8 mai. J'ai les cheveux blonds et les yeux bleus. Je suis assez grande.

J'habite à Cherbourg, en Normandie. Ma maison est assez grande. Il y une salle à manger, une cuisine et quatre chambres.

Mon père est pêcheur et ma mère travaille à la maison. J'ai une soeur et un frère. Ma soeur s'appelle Noémie. Elle a dix-huit ans. Elle est généreuse et super sympa! Mon frère s'appelle Gérard et il a huit ans. Il adore le foot et il est très sportif.

Moi aussi, je suis sportive: je fais de la natation et je joue au basket dans l'équipe de mon école. J'aime aussi lire et pêcher.

Le week-end, je me promène sur la côte et je regarde les cargos qui arrivent dans le port. Il y a beaucoup de bateaux irlandais et anglais ici.

Parfois, le week-end, je vais à Jersey avec ma famille. Ce n'est pas loin. Nous partons tôt le matin et revenons le soir. C'est chouette! On peut pêcher, faire des pique-niques et parler anglais!

Le week-end, j'aime aussi sortir avec mes amis. Nous allons au cinéma ou à la piscine. Parfois, j'organise une boum à la maison et j'invite mes copains et mes copines. On s'amuse bien!

A l'école, ma matière préférée, c'est l'anglais. C'est une matière intéressante et le prof est sympa. Je déteste les maths: c'est ennuyeux!

Dis bonjour à ta famille de ma part.

Ecris-moi vite et dis-moi tout!

A bientôt!

Estelle

1. Where does Estelle live?
2. How old is she?
3. When is her birthday?
4. Give a description of Estelle.
5. What do her parents do?
6. Describe Estelle's brother and sister.
7. What are Estelle's hobbies?
8. What does she do at week-ends?
9. Which subjects does she like/dislike in school? Why?

Now imagine you are staying with Estelle and her family for two weeks. Write an account of how you spent last week-end. Then descibe how you will spend next week-end.

LA NORMANDIE

L'histoire en Normandie
Les Vikings sont arrivés sur les côtes de la Manche au neuvième siècle. Ils sont venus de Scandinavie, dans le nord de l'Europe, d'où le nom Normand (homme du nord).

En 911, le roi de France a autorisé les Normands à s'installer dans la région de Rouen. La Normandie est devenue un territoire indépendant du royaume de France.

Au onzième siècle, Guillaume le Conquérant, un Normand, a gagné la bataille de Hastings et il est devenu Roi d'Angleterre.

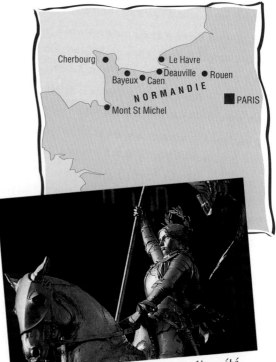

Au quinzième siècle, la Normandie a été occupée par les Anglais. Jeanne d'Arc a combattu les troupes anglaises. Elle a été brûlée à Rouen.

Where did the Normans come from?
Who was William the Conqueror?
Why was Joan of Arc burnt at the stake?
What happened on 'D-Day'?

Look at the following extracts from a guide and answer the questions.
Where would you go if you wanted:
to visit a nuclear power station?
to taste Camembert cheese?
to see a snail-farm and taste snails?
to see sharks and piranhas?
to see how cars are being built?
to see how sweets are being made and taste some?
to try skiing on grass?
to visit a gothic cathedral?
to visit the house of Saint Thérèse?
to know more about 'D-Day'?
to go sailing?
to know more about William the Conqueror?
to go canoeing?
to see how cider is being made?

Le 6 juin 1944, 'D-Day', les troupes alliées ont débarqué sur les plages de Normandie pour libérer l'Europe.

EN FRANÇAIS, S'IL VOUS PLAÎT!

Localité	Nom	Activité	Conditions de visite
Le Havre	Renault	Production automobile	Mardi et jeudi. Durée 3 h. Gratuit.
Isigny	Toff'Isy	Caramels	Visite gratuite du lund au vend 8 h – 12 h. Durée 1 h. Dégustation gratuite.
Flamanville (Cherbourg)	Centrale nucléaire	Production d'électricité	Lund au sam 9 h – 12 h 3 0/14 h – 18 h 30 Passeport/carte d'identité demandé
Mortagne	La Rigole	Elevage d'escargots	Sur rendez-vous. visite + dégustation 32 F
Camembert (Vimoutiers)	Le Manoir	Camembert	Fermé au public le dimanche. Visite + dégustation 10 F. Vente.
L'Aigle	Les Caves de Normandie	Calvados et cidre	Lundi au jeudi 10 h – 15 h. Visite 15 F/personne. Dégustation.

Abbayes-Eglises-Châteaux

Rouen
Cathédrale de style gothique. Visite guidée 40 minutes.

Lisieux
Basilique construite au début du XXe siècle pour commémorer Sainte Thérèse de Lisieux, consacrée en 1954.
Visite libre de 8 h à 20 h. Visite guidée possible.

Le Mont-Saint-Michel
Abbaye, haut-lieu de pèlerinage et de tourisme.
Ouverte toute l'année sauf les 01 – 01, 01 – 05, 01 – 11, 11 – 11 et 25 – 12.
Scolaires gratuit.

Caen
Forteresse médiévale commencée sous le règne de Guillaume-le-Conquérant.
Accès libre.

Bayeux

Tapisserie de Bayeux. Oeuvre unique, célèbre dans le monde entier. Retrace les préparatifs et le début de la conquête de l'Angleterre par Guillaume le Conquérant, Duc de Normandie.
Tarifs: Adultes 19 F/Scolaires 14 F. Durée de la visite: 1 h 30.

Musée Mémorial de la Bataille de Normandie.

Situé près du cimetière britannique, ce musée retrace l'histoire de la Bataille de Normandie du 6 juin au 22 août 1944.

Omaha Beach – Colleville

Cimetière Militaire Américain de Normandie rassemblant plus de 9000 croix blanches. Les jeunes Américains ont perdu la vie au moment du débarquement.
Musée d'Omaha. Collection de véhicules militaires, d'armes, de costumes.
Adultes 16 F/scolaires 10 F. Durée 30 mn.
Ouvert de 9 h à 19 h.

Livarot

Musée du Fromage. Reconstitution d'une laiterie fermière, d'une fromagerie et explication de la fabrication du fromage.
Durée: 45 mn. Tarif adultes/adolescents 7 F.
Ouvert tous les jours 10 – 12 h /14 h – 18 h.

CENTRES DE LOISIRS-AQUARIUMS

Louviers
Aquarium, requins, piranhas. Groupes sur rendez-vous.
Vire
Restaurant, pêche, voile, planche à voile, pédalos, canöe-cayak.
Vimoutiers
Piscine, tennis, équitation, pédalos, pêche, jeux, ski sur herbe.

ECRIVEZ!

You are on holidays in Normandy with your penpal and his/her family. You arrived three days ago and travelled by boat from Rosslare to Cherbourg. Write a letter to your Canadian penpal in Québec. Include the following points:
where you are and with whom;
how you found the journey;
what you eat;
what the weather is like;
what you did;
what you will do.

Déjeuner du matin
Il a mis le café
Dans la tasse
Il a mis le lait
Dans la tasse de café
Il a mis le sucre
Dans le café au lait
Avec la petite cuiller
Il a tourné
Il a bu le café au lait
Et il a reposé la tasse
Sans me parler
Il a allumé
Une cigarette
Il a fait des ronds
Avec la fumée
Il a mis les cendres
Dans le cendrier
Sans me parler
Sans me regarder
Il s'est levé
Il a mis son chapeau sur sa tête
Il a mis son manteau de pluie
Parce qu'il pleuvait
Et il est parti
Sous la pluie
Sans une parole
Sans me regarder
Et moi j'ai pris
Ma tête dans ma main
Et j'ai pleuré.

Jacques Prévert

Enact the scene. Imagine what happened before. What will happen next? What will happen the following morning?

GRAMMAR SECTION

■ *Articles*

1. THE DEFINITE ARTICLE (THE)

The word for 'the' depends on the gender and number of the noun.

for a masculine noun:	le	le père, le cahier
for a feminine noun:	la	la mère, la géographie
for a noun starting with a vowel or 'h':	l'	l'ami, l'amie, l'homme, l'hôtel
for all plural nouns:	les	les amies, les hôtels, les cahiers

In French, definitive articles are used in particular cases.
leisure activities: la musique, le football, le hurling
countries: l'Irlande, la France, les Etats-Unis
school subjects: le français, les maths, l'allemand
prices: 10 francs le kilo

Note the contraction when a definite article is used with à or de.
à + le = au (Je vais au cinéma.)
de + le = du (Il descend du train.)
à + les = aux (Je vais aux Etats-Unis.)
de + les = des (Il arrive des Etats-Unis.)

2. THE INDEFINITE ARTICLE (A, AN)

masculine:	un	un père, un cahier, un ami
feminine:	une	une mère, une amie
plural:	des	des mères, des pères, des amies, des cahiers

3. THE PARTITIVE ARTICLE (SOME)

When talking about food and drink or money, use:

du:	du fromage, du steak, du café
de la:	de la limonade, de la bière, de la gelée
de l':	de l'eau, de l'argent
des:	des petits-pois, des céréales

■ *Nouns*

In French, all nouns are masculine or feminine. When learning a new noun, memorise its article so that you will know whether the noun is masculine or feminine.

Generally nouns for people have both a masculine and a feminine form. In most cases, add **e** to form the feminine noun.

Examples:

un Irlandais – une Irlandais**e**

un ami – une ami**e**

When a noun refers to more than one person or thing, it has to take a plural form. In most cases, add **-s** to form the plural of nouns:

Example:

des amis – des ami**s**

■ *Adjectives*

In French, adjectives agree with the noun they refer to, in gender (masculine or feminine) and in number (singular or plural). The dictionary will always give you the masculine singular form.

Example:

le petit garçon

In most cases
To make adjectives feminine add **e**.

Example:

la petit**e** fille

To make adjectives masculine plural add **s**.

Example:

les petit**s** garçons

To make adjectives feminine plural add **es**.

Example:

les petit**es** filles

However, many adjectives form their feminine in other ways.

Examples:

x – **se** ambitieu**x** ambitieu**se**

f – **ve** sporti**f** sporti**ve**

on – **onne** b**on** b**onne**

Adjectives which end in **e** do not change in the feminine.

Examples:

sympathique – jeune – rouge

Possessive adjectives (my, your, his, her)

In French, possessive adjectives always agree with the thing possessed and not with the owner.

	my	**your**	**his/her**
masculine	mon (cahier)	ton	son (frère)
feminine	ma (maison)	ta	sa (soeur)
plural	mes (livres)	tes	ses (parents)

Pronouns

singular	1st person	je	I
	2nd person	tu	you
	3rd person	il	he
		elle	she
		on *	
plural	1st person	nous	we
	2nd person	vous	you
	3rd person	ils	they
		elles	they

* 'On' can have different meanings:
'we' – often used in spoken French (On va à la plage.)
'one'/'you' – (On peut faire de la voile.)
'they'/'the people' – (En France, on boit beaucoup de vin.)

Questions

In French, there are three ways of asking the same question.
1. Tu aimes le football?
2. Aimes-tu le football?
3. Est-ce que tu aimes le football?
N.B.: The second option is formal and isn't used very often.

To ask a question, you can also use a question word.
Qui? – Who?
Que? Quoi? – What?
Quand? – When?
Comment? – How?
Pourquoi? – Why?
Où? – Where?
Combien? – How much/many?

There are two simple ways of using a question word.

1. Put the question word at the end of the sentence:
   Examples:
   C'est combien?
   Tu habites où?
   Il s'appelle comment?
   Tu est partie quand?

2. Add 'est-ce que' after the question word.
   Examples:
   Où est-ce que tu vas?
   Qu'est-ce que tu fais?
   Quand est-ce qu'il part en vacances?
   Comment est-ce qu'il s'appelle?

■ *Verbs*

THE PRESENT TENSE OF REGULAR VERBS

-er (parler)	-ir (finir)	-re (descendre)
je parle	je finis	je descends
tu parles	tu finis	tu descends
il/elle parle	il/elle finit	il/elle descend
nous parlons	nous finissons	nous descendons
vous parlez	vous finissez	vous descendez
ils/elles parlent	ils/elles finissent	ils/elles descendent

■ *Passé Composé*

To form the **passé composé** of a verb, use the auxiliary (helping verb) **avoir** or **être** in the present tense plus the past participle of the verb in question.
Examples:

j'	ai	mangé	je	suis	allé(e)
tu	as	mangé	tu	es	allé(e)
il/elle	a	mangé	il/elle	est	allé(e)
nous	avons	mangé	nous	sommes	allé(e)s
vous	avez	mangé	vous	êtes	allé(e)s
ils/elles	ont	mangé	ils/elles	sont	allé(e)s

1. **Which verbs take avoir?**
2. **Most verbs take avoir.**
   Examples:
   J'ai mangé.
   Tu as vu.
   Il a fait.

3. **Which verbs take être?**
   *The 14 'être' verbs. (Remember DRAPER'S VAN MMTR!)

descendre	D
rester	R
arriver	A
partir	P
entrer	E
rentrer	R
sortir	S
venir	V
aller	A
naître	N
mourir	M
monter	M
tomber	T
retourner	R

   * The reflexive verbs

se laver	je me suis lavé
se réveiller	je me suis réveillée
s'amuser	elle s'est amusée
se lever	il s'est levé
se coucher	je me suis couchée

For these verbs, there is a particular rule of agreement, as you will learn later. For now, just use the agreement rule which applies with the '**être**' verbs.

Agreement rule
Note that with the so-called '**être**' verbs, the past participle agrees with the subject in gender (masculine/feminine) and in number (singular/plural).

	SINGULAR	PLURAL
MASCULINE	–	S
FEMININE	E	ES

Therefore

a boy would write, 'Je suis allé' (**je** is masculine singular);

a girl would write, 'Je suis allée' (**je** is feminine singular);

two or more boys would write, 'Nous sommes allés'
(**nous** is masculine plural);

two or more girls would write, 'Nous sommes allées'
(**nous** is feminine plural).

4. How do you form the past participle of a regular verb?

*-**er** verbs = **é**

Example: travailler = j'ai travaillé

*-**ir** verbs = **i**

Example: finir = j'ai fini

*-**re** verbs = **u**

Example: perdre = j'ai perdu

* Some past participles are irregular and have to be learned off by heart. Here is a list of some common irregular verbs.

INFINITIVE	PAST PARTICIPLE
avoir	eu
être	été
faire	fait
écrire	écrit
lire	lu
naître	né
mourir	mort
prendre	pris
boire	bu
venir	venu
devenir	devenu
voir	vu
vouloir	voulu

■ Negative (not)

The most common negative is **ne** ... **pas**. In the present tense, **ne** is placed directly in front of the verb and **pas** directly after it.

ne + verb + pas

Examples:

Je ne travaille pas.

Je n'aime pas les carottes.

In the **passé composé**, **ne** is placed directly in front of the auxiliary verb (**être** or **avoir**) and **pas** directly after it.

ne + auxiliary + pas + past participle

Examples:

Je n'ai pas travaillé.

Je ne suis pas allée à l'école.

■ Verb tables

infinitive	présent	passé composé
avoir (to have)	j'ai	j'ai eu
	tu as	tu as eu
	il/elle a	il/elle a eu
	nous avons	nous avons eu
	vous avez	vous avez eu
	ils/elles ont	ils/elles ont eu
être (to be)	je suis	j'ai été
	tu es	tu as été
	il/elle est	il/elle a été
	nous sommes	nous avons été
	vous êtes	vous avez été
	ils/elles sont	ils/elles ont été
faire (to do)	je fais	j'ai fait
	tu fais	tu as fait
	il/elle fait	il/elle a fait
	nous faisons	nous avons fait
	vous faites	vous avez fait
	ils/elles font	ils/elles ont fait
aller (to go)	je vais	je suis allé(e)
	tu vas	tu es allé(e)
	il/elle va	il/elle est allé(e)
	nous allons	nous sommes allé(e)s
	vous allez	vous êtes allé(e)(s)
	ils/elles vont	ils/elles sont allé(e)s

infinitive	présent	passé composé
se laver (to wash oneself)	je me lave	je me suis lavé(e)
	tu te laves	tu t'es lavé(e)
	il/elle se lave	il/elle s'est lavé(e)
	nous nous lavons	nous nous sommes lavé(e)s
	vous vous lavez	vous vous êtes lavé(e)(s)
	ils/elles se lavent	ils/elles se sont lavé(e)s
se lever (to get up)	je me lève	je me suis levé(e)
	tu te lèves	tu t'es levé(e)
	il/elle se lève	il/elle s'est levé(e)
	nous nous levons	nous nous sommes levé(e)s
	vous vous levez	vous vous êtes levé(e)(s)
	ils/elles se lèvent	ils/elles se sont levé(e)s
boire (to drink)	je bois	j'ai bu
	tu bois	tu as bu
	il/elle boit	il/elle a bu
	nous buvons	nous avons bu
	vous buvez	vous avez bu
	ils/elles boivent	ils/elles ont bu
devoir (to have to)	je dois	j'ai dû
	tu dois	tu as dû
	il/elle doit	il/elle a dû
	nous devons	nous avons dû
	vous devez	vous avez dû
	ils/elles doivent	ils/elles ont dû
dire (to say)	je dis	j'ai dit
	tu dis	tu as dit
	il/elle dit	il/elle a dit
	nous disons	nous avons dit
	vous dites	vous avez dit
	ils/elles disent	ils/elles ont dit
dormir (to sleep)	je dors	j'ai dormi
	tu dors	tu as dormi
	il/elle dort	il/elle a dormi
	nous dormons	nous avons dormi
	vous dormez	vous avez dormi
	ils/elles dorment	ils/elles ont dormi

infinitive	présent	passé composé
écrire (to write)	j'écris	j'ai écrit
	tu écris	tu as écrit
	il/elle écrit	il/elle a écrit
	nous écrivons	nous avons écrit
	vous écrivez	vous avez écrit
	ils/elles écrivent	ils/elles ont écrit
lire (to read)	je lis	j'ai lu
	tu lis	tu as lu
	il/elle lit	il/elle a lu
	nous lisons	nous avons lu
	vous lisez	vous avez lu
	ils/elles lisent	ils/elles ont lu
mettre (to put)	je mets	j'ai mis
	tu mets	tu as mis
	il/elle met	il/elle a mis
	nous mettons	nous avons mis
	vous mettez	vous avez mis
	ils/elle mettent	ils/elles ont mis
partir (to leave)	je pars	je suis parti(e)
	tu pars	tu es parti(e)
	il/elle part	il/elle est parti(e)
	nous partons	nous sommes parti(e)s
	vous partez	vous êtes parti(e)(s)
	ils/elles partent	ils/elles sont parti(e)s
pleuvoir (to rain)	il pleut	il a plu
pouvoir (to be able to)	je peux	j'ai pu
	tu peux	tu as pu
	il/elle peut	il/elle a pu
	nous pouvons	nous avons pu
	vous pouvez	vous avez pu
	ils/elles peuvent	ils/elles ont pu
prendre (to take)	je prends	j'ai pris
	tu prends	tu as pris
	il/elle prend	il/elle a pris
	nous prenons	nous avons pris
	vous prenez	vous avez pris
	ils/elles prennent	ils/elles ont pris

infinitive	présent	passé composé
recevoir (to receive)	je reçois	j'ai reçu
	tu reçois	tu as reçu
	il/elle reçoit	il/elle a reçu
	nous recevons	nous avons reçu
	vous recevez	vous avez reçu
	ils/elles reçoivent	ils/elles ont reçu
sortir (to go out)	je sors	je suis sorti(e)
	tu sors	tu es sorti(e)
	il/elle sort	il/elle est sorti(e)
	nous sortons	nous sommes sorti(e)s
	vous sortez	vous êtes sorti(e)(s)
	ils/elles sortent	ils/elles sont sorti(e)s
venir (to come)	je viens	je suis venu(e)
	tu viens	tu es venu(e)
	il/elle vient	il/elle est venu(e)
	nous venons	nous sommes venu(e)s
	vous venez	vous êtes venu(e)s
	ils/elles viennent	ils/elles sont venu(e)s
voir (to see)	je vois	j'ai vu
	tu vois	tu as vu
	il/elle voit	il/elle a vu
	nous voyons	nous avons vu
	vous voyez	vous avez vu
	ils/elles voient	ils/elles ont vu
vouloir (to wish, to want to)	je veux	j'ai voulu
	tu veux	tu as voulu
	il/elle veut	il/elle a voulu
	nous voulons	nous avons voulu
	vous voulez	vous avez voulu
	ils/elles veulent	ils/elles ont voulu

VOCABULAIRE THÉMATIQUE

■ L'école

LES MATIÈRES

le français
l'anglais
l'irlandais/le gaélique
l'allemand
l'espagnol
l'italien
l'histoire
la géographie
les sciences-physiques/la chimie
les sciences-naturelles/la biologie
les sciences ménagères
les mathématiques
l'éducation physique/le sport
l'éducation artistique/le dessin
l'éducation manuelle et technique
(E.M.T)
la musique
le catéchisme
l'emploi du temps
la récréation
le cours
les devoirs
le cartable
le livre
le cahier
la trousse
le stylo
le crayon
la règle
la gomme

■ School

SUBJECTS

French
English
Irish
German
Spanish
Italian
History
Geography
Chemistry
Biology
Home Economics
Maths
P.E.
Art
Technical
drawing/woodwork/metalwork
Music
Religion
timetable
break
lesson
homework
schoolbag
book
copy
pencil-case
biro
pencil
ruler
eraser

N.B: In French, school subjects always take a definite article!

Examples:

I like French. = J'aime le français.
I study Irish. = J'étudie l'irlandais.
I hate Maths. = Je déteste les maths.

! Note that in French you don't use an article as you do in English when giving someone's profession.

My father	is	a farmer.	Mon père	est	fermier.
She	is	a doctor.	Elle	est	docteur.
I	am	a teacher.	Je	suis	professeur.

un acteur/une actrice	actor/actress (cinema)
un auteur/un(e) écrivain	author/writer
un agriculteur/une agricultrice	farmer
un avocat/une avocate	lawyer/solicitor/barrister
un boucher/une bouchère	butcher
un boulanger/une boulangère	baker
un caissier/une caissière	cashier
un chanteur/une chanteuse	singer
un chauffeur de taxi	taxi driver
un charpentier	carpenter
un chômeur/une chômeuse	unemployed person
un comédien/une comédienne	actor/actress (theatre)
un/une comptable	accountant
un conducteur de bus/ une conductrice de bus	bus driver
un docteur	doctor
une directeur/une directrice	director
un(e) employé(e) de bureau	office worker
un(e) employé(e) de banque	bank clerk
un enseignant/une enseignante	teacher
un épicier/une épicière	grocer
un facteur/une factrice	postman/postwoman
une femme au foyer	housewife
une femme de ménage	cleaner
un fermier/une fermière	farmer
un/une fonctionnaire	civil servant
un gendarme	policeman/policewoman
un infirmier/une infirmière	nurse
un/une ingénieur	engineer
un/une journaliste	journalist
un maçon	bricklayer
un mécanicien	mechanic
un médecin	doctor

un militaire (un soldat)	soldier
un musicien/une musicienne	musician
un ouvrier/une ouvrière	factory worker
un pêcheur	fisherman
un peintre	painter
un pharmacien/une pharmacienne	pharmacist
un/une pilote	pilot
un plombier	plumber
un professeur	teacher
un représentant/une représentante	sales person
un retraité/une retraitée	retired
un/une secrétaire	secretary
un technicien/une technicienne	technician
un travailleur indépendant	self-employed
un vendeur/une vendeuse	shop assistant
être au chômage	to be unemployed
travailler à la maison	to work at home
travailler à l'usine	to work in a factory

■ *Le sport et la musique*   ■ *Sport and Music*

jouer à + team sport:

Je joue au football.	to play a game
le football	soccer
le football gaélique	gaelic football
le hurling	hurling
le camogie	camogie
le basket	basketball
le tennis	tennis
le rugby	rugby

faire de + individual sport:

Je fais du ski	to do a sport
le ski	skiing
l'athlétisme	athletics
la gymnastique	gymnastics
le cyclisme	cycling
la natation	swimming
la boxe	boxing
la voile	sailing
la planche à voile	wind-surfing

le surf	surfing
le terrain	pitch
le stade	stadium
la course	race
la compétition	competition
gagner	to win
perdre	to lose
battre	to beat
l'équipe	team
jouer d'un instrument	to play an instrument
la guitare	guitar
la guitare électrique	electric guitar
la basse	bass guitar
la batterie	drums
le piano	piano
le violon	violin
la flûte	flute
l'accordéon	accordion

■ *Le logement*   ■ *Housing*

la maison	house
l'appartement	apartment/flat
le pavillon	bungalow
l'immeuble	block of flats
l'HLM	local authority housing
la cave	basement/cellar
le sous-sol	basement
le grenier	attic
le toit	roof
le mur	wall
la fenêtre	window
la porte	door
la pièce	room
la chambre à coucher	bedroom
le salon	sitting-room
la salle de séjour	living-room
la salle à manger	dining-room
la cuisine	kitchen
la salle de bains	bathroom

les toilettes	toilets
le rez-de-chaussée	ground floor
le premier étage	first floor

◼ *La météo*   ◼ *Weather*

Il fait beau.	It is nice.
Il fait mauvais.	It is bad.
Il fait chaud.	It is hot.
Il fait froid.	It is cold.
Il pleut.	It is raining.
Il neige.	It is snowing.
Il gèle.	It is freezing.
Il grêle.	It is hailing.
Il y a du soleil.	It is sunny.
Il y a des nuages.	It is cloudy.
Il y a du vent.	It is windy.
Le temps est couvert.	It is overcast.
ensoleillé	sunny
pluvieux	rainy
nuageux	cloudy
brumeux	foggy
du verglas	black ice
une averse	shower
un orage	storm
du tonnerre	thunder
un éclair	lightning
un ouragan	hurricane
des inondations	floods
le nord	North
le sud	South
l'est	East
l'ouest	West

■ Animals / ■ Les animaux

un animal domestique	pet
un chat	cat
un chien	dog
un lapin	rabbit
un oiseau	bird
un canari	yellow canary
un perroquet	parrot
une perruche	budgie
un poisson rouge	goldfish
un hamster	hamster
une souris blanche	white mouse
une tortue	turtle
un cheval	horse
un âne	donkey
une vache	cow
une poule	chicken
un mouton	sheep
une chèvre	goat

■ La nourriture / ■ Food

l'entrée/les hors d'oeuvre	starter
les crudités	raw vegetables (starter)
la salade verte	green salad
le pâté	paté
le saucisson	salami
le jambon	ham
les escargots	snails
le plat de résistance/le plat principal	main course
le poisson	fish
le saumon	salmon
la truite	trout
la viande	meat
le steak/le bifteck	steak
l'entrecôte	rib steak
le rôti	roast
le boeuf	beef
le veau	veal
le lapin	rabbit

le mouton	mutton
l'agneau	lamb
le porc	pork
le poulet	chicken
la dinde	turkey
les saucisses	sausages

LES LÉGUMES / VEGETABLES

la tomate	tomato
la carotte	carrot
les champignons	mushrooms
l'artichaut	artichoke
le chou	cabbage
le chou-fleur	cauliflower
les haricots	beans
les haricot verts	French beans
la pommes de terre/les patates	potatoes
les petits pois	peas
le concombre	cucumber
le radis	radish
l'oignon	onion
l'ail	garlic

LES FRUITS / FRUITS

la pomme	apple
l'orange	orange
l'abricot	apricot
l'ananas	pineapple
la banane	banana
les cerises	cherries
le citron	lemon
la pêche	peach
le melon	melon
la poire	pear
le raisin	grapes
les fraises	strawberries

LE FROMAGE / CHEESE

le camembert	Camembert
le brie	Brie

le roquefort	Roquefort
le fromage de chèvre	goat's cheese
le gruyère	Gruyère
le dessert	dessert
le yaourt	yoghurt
le fromage frais	fromage frais/cottage cheese
la crème fraîche	fresh cream
le flan	custard tart
la glace	ice cream
le gâteau	cake
la tarte	tart

LE PETIT DÉJEUNER — BREAKFAST

le déjeuner	lunch
le goûter	afternoon snack
le dîner	dinner
le souper	supper
le pain	bread
la baguette	French bread
le croissant	croissant
la tartine	slice of bread
un oeuf	egg
la tartine grillée	toast
le café	coffee
le thé	tea
le chocolat	hot chocolate
le sucre	sugar
le lait	milk
le beurre	butter
la confiture	jam
le miel	honey

LES INGRÉDIENTS — INGREDIENTS

la farine	flour
le sel	salt
le poivre	pepper
la moutarde	mustard
le vinaigre	vinegar

LES BOISSONS	DRINKS
l'eau	water
le lait	milk
le jus de fruit	fruit juice
le vin rouge/blanc	wine (red/white)
la bière	beer
le cidre	cider

☐ *Les couleurs*   ☐ *Colours*

noir	black
blanc	white
gris	grey
rouge	red
rose	pink
violet	purple
bleu	blue
vert	green
jaune	yellow
marron	brown

☐ *L'heure*   ☐ *Time*

midi	midday
minuit	midnight
moins le quart	quarter to
et quart	quarter past
et demi(e)	half past
l'an	year
le mois	month
la semaine	week
le jour	day
la nuit	night
le matin	morning
l'après-midi	afternoon
le soir	evening
le week-end	week-end
aujourd'hui	today
hier	yesterday
avant-hier	the day before yesterday

demain	tomorrow
après-demain	the day after tomorrow
la veille	the night before
tous les jours	every day
la semaine prochaine	next week
la semaine dernière	last week
tôt	early
tard	late

■ Les jours   ■ Days

! Note that days don't take a capital letter in French.

lundi	Monday
mardi	Tuesday
mercredi	Wednesday
jeudi	Thursday
vendredi	Friday
samedi	Saturday
dimanche	Sunday
le lundi	on Mondays

■ Les mois   ■ Months

! Note that months don't take a capital letter in French.

janvier	January
février	February
mars	March
avril	April
mai	May
juin	June
juillet	July
août	August
septembre	September
octobre	October
novembre	November
décembre	December
en janvier	in January

■ Les saisons

le printemps
l'été
l'automne
l'hiver

N.B.
en été = in the summer
en automne = in the autumn
en hiver = in the winter
but
au printemps = in the spring

■ The Seasons

spring
summer
autumn
winter

■ Pays

l'Europe
la France
l'Irlande
la Grande Bretagne
le Royaume-Uni
l'Ecosse
le Pays de Galles
l'Angleterre
l'Allemagne
la Belgique
le Luxembourg
les Pays-Bas/la Hollande
le Danemark
la Suède
la Norvège
la Finlande
l'Autriche
l'Italie
la Grèce
l'Espagne
le Portugal
la Russie
la Pologne
la République Tchèque
la Slovaquie
la Roumanie

■ Countries

Europe
France
Ireland
Great Britain
the United Kingdom
Scotland
Wales
England
Germany
Belgium
Luxembourg
the Netherlands/Holland
Denmark
Sweden
Norway
Finland
Austria
Italy
Greece
Spain
Portugal
Russia
Poland
the Czech Republic
Slovakia
Romania

la Bulgarie	Bulgaria
l'Albanie	Albania
la Fédération Yougoslave	the Yugoslav Federation
la Bosnie	Bosnia
la Croatie	Croatia
la Suisse	Switzerland
l'Amérique	America
les Etats-Unis	the United States
le Canada	Canada
l'Australie	Australia
l'Asie	Asia
l'Afrique	Africa

N.B.

a.   Countries always take a definite article.
   I visit Ireland. = Je visite **l'**Irlande.
   I like France. = J'aime **la** France.
   I love Portugal. = J'adore **le** Portugal.

b.   Prepositions used for countries vary. There are several ways of saying 'in' or 'to' a country in French, depending on the gender and number of the country.
   When the country is feminine, use **en.**
   I am going **to** France. = Je vais **en** France. (**la** France)
   I live **in** Ireland. = J'habite **en** Irlande. (**l'**Irlande)

   When the country is masculine, use **au** (contracted form of **à+le**).
   I live **in** Canada. = J'habite **au** Canada. (**le** Canada)
   She lives **in** Portugal. = Elle habite **au** Portugal. (**le** Portugal)

   When the country is plural, use **aux** (contracted form of **à+les**).
   I live **in** the United States. = J'habite **aux** Etats-Unis. (**les** Etats-Unis)

c.   The preposition used for towns is **à**.
   He goes **to** Paris. = Il va **à** Paris.
   I live **in** Galway. = J'habite **à** Dublin.

Géographie

la forêt	forest
la campagne	countryside
le champ	field
la terre	earth
l'eau	water
la rivière	river
le fleuve	main river
le lac	lake
la mer	sea
la plage	beach
la côte	coast
le port	harbour
la montagne	mountain
la colline	hill
la ville	town/city
la banlieue	suburb
le village	village

Geography

GLOSSARY

A

acheter: to buy
acteur (m): actor
actrice (f): actress
actualités (f pl): news
addition (f): bill
adorer: to like very much; to love
agence de voyage (f): travel agency
agneau (m): lamb
agréable: pleasant
ail (m): garlic
ailleurs: elsewhere
aimer: to like
Allemagne (f): Germany
aller: to go
aller retour, un –: a return ticket
aller simple, un –: a one-way ticket
allumette (f): a match
alouette (f): lark
ami (m): friend
amie (f): friend
amitiés à: love to
amuser, s'–: to enjoy oneself
âne (m): donkey
anglais (m): English
animation (f): activity
anniversaire (m): birthday
annuaire (m): 'phone book
apporter: to bring
apprendre: to learn
après-midi (m): afternoon
arbitre (m): referee
arbre (m): tree
argent de poche (m): pocket money

armoire (f): wardrobe
arranger: to arrange
arrêt d'autobus (m): bus stop
arrêter: to stop
arrière (m): back (in football)
ascenseur (m): lift
aspirateur (m): vacuum cleaner
assiette (f): plate
assis: sitting
attendre: to wait for
attirer: to attract
au-dessous: below
au revoir!: goodbye!
auberge de jeunesse (f): youth hostel
aussi: also
auto (f): car
autobus (m): bus
automne (m): autumn
autoroute (f): motorway
autour de: around
avant (m): forward (football)
aveugle: blind
avoir: to have
avoir besoin de: to need
avoir chaud: to be warm
avoir faim: to be hungry
avoir froid: to be cold
avoir honte: to be ashamed
avoir lieu: to take place
avoir rendez-vous avec: to meet
avoir soif: to be thirsty
avoir sommeil: to be sleepy

B

baigner, se –: to go for a dip
baignoire (f): bath

balle (f): ball
ballon (m): ball
banc (m): bench
banlieue (f): suburb
banque (f): bank
bar (m): bar
barbe (f): beard
basse-cour (f): farmyard
bateau (m): boat
bâtiment (m): building
bâtir: to build
battre: to beat
bavarder: to chat
beau: lovely
beaucoup de: lots of
beurre (m): butter
bibliothèque (f): library
bicyclette (f): bicycle
Bien sûr!: Sure!
bientôt: soon
  à –!: see you!
bière (f): beer
billet (m): ticket, banknote
billet de train (m): train ticket
blanc: white
blesser, se –: to injure oneself
blouson (m): light jacket
boeuf (m): beef
boire: to drink
bois (m): wood
boisson (f): drink
boîte (f): box
bon: good
bonbon (m): sweet
Bonjour!: Hello!
boucherie (f): a butcher's
boulangerie (f): a baker's
boulot (m): work (slang)
boum (f): party
bout de, au –: after

bouteille (f): bottle
brebis (f): ewe
Brie (m): type of cheese
bronzer, se –: to tan oneself
brouillard (m): fog
bruit (m): noise
brûler: to burn
brun: brown
bruyant: noisy
bureau (m): office; desk
bureau de change (m):
    bureau de change
but (m): goal

C
Ça va?: How are things?
cadeau (m): present
café (m): coffee
cahier (m): copybook
caisse (f): checkout
caissière (f): checkout girl
calendrier (m): calendar
Camembert (m): type of
    cheese
camion (m): lorry
camionnette (f): van
campagne, à la –: in the
    countryside
canard (m): duck
car (m): coach
car: because
cartable (m): schoolbag
carte (f): map; menu
carte postale (f): postcard
casque (m): helmet
casser: to break
casserole (f): saucepan
cave (f): cellar
ce: this, that
cendrier (m): ashtray
cerise (f): cherry
chagrin (m): sorrow
chaise (f): chair
chambre (f): bedroom

champ (m): field
chanter: to sing
chanteur (m): singer
chapeau (m): hat
chaque: each
chat (m): cat
château (m): castle
chaud: warm
chaumière (f): thatched
    cottage
chaussettes (f pl): socks
chaussures (f pl): shoes
chemin (m): path
cheminée (f): chimney;
    fireplace
chemise (f): shirt
chemisier (m): blouse
cher: dear (adjective)
cheval (m): horse
    monter à –: to ride a horse
cheveux, les (m): hair
chèvre (f): goat
chien (m): dog
chiffre (m): figure, number
chose (f): thing
chouette!: super!
circulation (f): traffic
clef (f): key
cochon (m): pig
cognac (m): brandy
coin (m): corner
collège (m): secondary school
colline (f): hill
combien de?: how many?
    how much?
commander: to order
commencer: to begin
complet: full
comprendre: to understand
conducteur (m): driver
confiture (f): jam
connaître: to know
construire: to build
contrôleur (m): conductor

(bus, train)
copain (m): pal
copine (f): pal
corriger: to correct
côte (f): coast
côté, à – de: beside
cou (m): neck
coucher, se: to go to bed
coucou (m): cuckoo; cowslip
couette (f): quilt
couper: to cut
cour (f): yard
courir: to run
cours (m): lesson
couteau (m): knife
coûter: to cost
cravate (f): tie
crayon (m): pencil
crème (f): cream
crier: to shout
croix (f): cross
cuiller (f): spoon
cuisine (f): kitchen; cooking
cuisinière (f): cooker

D
D'accord!: OK! Agreed!
dame (f): lady
dans: in
danser: to dance
de bonne heure: early
de temps en temps: from time
    to time
débarquement (m): landing
débarquer: to land
décoller: to take off (plane)
découvrir: to discover
dégustation (f): sampling
déjeuner, (m): lunch
    le petit –: breakfast
demain: tomorrow
    à –: see you tomorrow
demander: to ask for
dépêcher, se –: to hurry

dépenser: to spend (money)
dernier: last
derrière: behind
des: some (plural of un, une)
descendre: to go down; to get
    out of (train; plane)
désolé: sorry
dessin (m): art
dessiner: to design, to draw
detester: to hate
dévaliser: to rob
devant: in front of
devenir: to become
deviner: to guess
devise (f): motto
devoir: to have to, must,
    ought
devoirs (m pl): homework
difficile: difficult
disque (m): record
donner: to give
dormir: to sleep
douane (f) –: Customs
douanier (m): customs officer
douche (f) : shower
doux: soft, gentle
drap (m): sheet
drapeau (m): flag
droite, à –: on the right
drôle: funny
dur: hard

E

eau (f): water
échanger: to exchange
école (f): school
Écosse (f): Scotland
écouter: to listen to
écrire: to write
église (f): church
élève (m & f): pupil
élever: to raise
embouteillage (m): traffic jam
émission (f): programme

emmener: to bring
emploi du temps (m):
    timetable
en route: on the way
enchanté: delighted
enfant (m & f): child
enfin: finally
ennuyeux: boring
ensemble: together
ensuite: next
entendre: to hear
entier: entire; whole
entre: between
entrée (f): entrance
entrer: to go in
envoyer: to send
épeler: to spell
épicerie, une –: a grocer's
épicier (m): grocer
équipe (f): team
équitation (f): horse riding
escalade (f): rock climbing
escalier (m): stairs
espérer: to hope
étage (m): storey
étagère (f): shelf
étang (m): pond
États Unis (m pl): United
    States
été (m): summer
étranger, à l': abroad
être: to be
être fort en: to be good at
étudier: to study
événement (m): event
évier (m): sink

F

fabriquer: to make
facilement: easily
facteur (m): postman
faire: to do, to make
faire attention: to pay
    attention

faire chaud: to be warm
    (weather)
faire des projets: to make
    plans
faire du camping: to go
    camping
faire la queue: to queue up
faire la vaisselle: to do the
    washing-up
faire les courses: to do the
    shopping
faire un pique-nique: to have
    a picnic
faire une promenade: to go
    for a walk
falaise (f): cliff
famille (f): family
farine (f): flour
fatigué: tired
fauteuil (m): armchair
femme (f): woman
fenêtre (f): window
ferme (f): farm
fermer: to close
fermier (m): farmer
fil (m): thread
fille (f): daughter
    une jeune –: girl
fillette (f): little girl
fils (m): son
fin (f): end
finir: to finish
fonctionnaire (m & f): civil
    servant
Formidable!: Great!
fou: crazy
fourchette (f): fork
fournir: to provide
français: French
frère (m): brother
frites (f pl): chips
froid: cold
fromage (m): cheese
fruits de mer (m pl): seafood

fumer: to smoke
  'défense de –': 'no smoking'
furet (m): ferret

G

gagner: to win; to earn
garçon (m): boy
gardien (m): goalkeeper
gare (f): (train) station
gâteau (m): cake
gauche, à –: on the left
geler: to freeze
gendarme (m): policeman
génial: great
gens (m pl): people
gentil: nice
girouette (f): weather vane
glace (f): ice-cream
golf (m): golf
gorge (f): throat
gourmand (m): greedy
   person
grand: big
Grande Ourse (f): the Plough
grange (f): barn
gratuit: free of charge
grimper: to climb
grippe (f): flu
gros: big
guerre (f): war
guichet (m): ticket office

H

habiller, s'–: to dress oneself
habiter: to live in
heureux: happy
hier: yesterday
histoire (f): story
hiver (m): winter
homme (m): man
horaire (m): timetable
hôtel de ville (m): city hall
huile (f): oil
huître (m): oyster

I

il y a: there is, there are
île (f): island
immeuble (m): block of flats
incroyable: incredible
informations (f pl): news
   bulletins
ingénieur (m): engineer
inquiet: worried
installer, s'–: to settle in
irlandais: Irish

J

jambon (m): ham
jardin (m): garden
jaune: yellow
jeter: to throw
jeu (m): game
jeunesse (f): youth
joli: pretty
jouer: to play
jouet (m): toy
joueur (m): player
journal (m): newspaper
journée (f): day
joyeux: happy
jupe (f): skirt
jus de fruit (m): fruit juice
jusqu'à: until

L

la (f): the
lac (m): lake
lait (m): milk
laiterie (f): creamery
langue (f); language; tongue
lapin (m): rabbit
laver: to wash
  se –: to wash oneself
le (m): the
lecture (f): reading
légumes (m pl): vegetables
lendemain (m): the next day

lentement: slowly
les (pl): the (plural)
lever, se –: to get up
liaison (f): connection
librairie (f): book shop
lier: to link
lieu (m): place
lire: to read
lit (m): bed
livre (f): pound
livre (m): book
loisirs (m pl): hobbies
long, le – de: along
longtemps: a long time
louer: to hire
lourd: heavy
luisant: gleaming
lumière (f): light
lunettes (f pl): glasses

M

machine à laver (f): a
   washing machine
magasin (m): shop
maillot de bain (m): swimsuit
maintenant: now
mairie (f): town hall
maison (f): house
Maison des Jeunes et de la
   Culture (MJC) (m): youth
   club
malade: ill
malheureusement:
   unfortunately
Manche, la: the Channel
manger: to eat
manteau (m): coat
maquis (m): scrub, bush
marché (m): market
  à bon –: cheaply
marcher: to walk; to function
mari (m): husband
marquer un but: to score a
   goal

mas (m): house or farm in the South of France
matin (m): morning
matinée (f): morning
mauvais: bad
méchant: naughty
médecin (m): doctor
ménage (m): household
mener: to lead
menhir (m): standing-stone
mer, au bord de la –: at the seaside
Merci!: Thank you!
mère (f): mother
météo (f): weather forecast
métier (m): job, profession
mettre: to put
Midi (m): South of France
midi: noon
miel (m): honey
minuit: midnight
mi-temps (f): half (of match)
moi non plus: me neither
monde (m): world (i.e. people)
mondial: world (adjective)
monnaie (f): change (money)
monsieur (m): man
montagne (f): mountain
monter: to go up
montre (f): watch
montrer: to show
morceau (m): piece
moteur (m): engine
moto (f): motorbike
moule (f): mussel
mourir: to die
mouton (m): sheep
moyen (m): means

N

nager: to swim
naître: to be born
natation (f): swimming

neiger: to snow
neuf: new
niveau (m): level
Noël (m): Christmas
   joyeux –: Happy Christmas
noir: black
noix (f): nut
nom (m): name
nord: north
nourriture (f): food
nouveau: new
nuage (m): cloud
nuit (f): night

O

oeil (m): an eye
oeuf (m): egg
oignon (m): onion
oiseau (m): bird
oncle (m): uncle
os (m): bone
ou: or
où: where
oublier: to forget
ouest (m): west
ours (m): bear
ouvrir: to open

P

pain (m): bread
paix (f): peace
panier (m): basket
pantalon (m): trousers
parce que: because
parler: to speak,to talk
parole (f): word; speech
partir: to go away
partout: everywhere
pas du tout: not at all
passer: to pass (by); to spend (some time)
pâté (m): liver paste
pauvre: poor
payer: to pay

pays (m): country
pays de Galles, le: Wales
paysage (m): scenery
pêche (f): fishing
pêcher: to fish
pelouse (f): lawn
perdre: to lose
père (m): father
permis de conduire (m): driving licence
petit: small
peu de: a few of
   un –: a little
peut-être: perhaps
pharmacie (f): a chemist's
pièce (f): room
pierre (f): stone
piscine (f): swimming pool
placard (m): cupboard
place (f): market square
plage (f): beach
plan (m): map
planche à voile (f): sailboard
plein (de): full (of)
pleurer: to cry
pleuvoir: to rain
pluie (f): rain
plusieurs: several
poire (f): pear
poisson (m): fish
poivre (m): pepper
policier (m): policeman
pomme (f): apple
pomme de terre (f): potato
pont (m): bridge
port (m): port, harbour
porte (f): door
porter: to wear; to carry
poule (f): hen
poulet (m): chicken
pour: for, in order to
pourquoi?: why?
pousser: to push
pouvoir: to be able, can
premier: first

prendre: to take

prendre un bain de soleil: to sunbathe

près de: near

présenter: to introduce

prêt: ready

prier: to ask

printemps (m): spring

prix (f): price

prochain: next

professeur (m & f): teacher, professor

promener, se –: to walk

propre: clean

publicité (f): advertising

pull (m): pullover

Q

quai (m): platform, quay

quel?: which? what?

quel temps fait-il?: what's the weather like?

qu'est-ce qu'elle fait?: what's she doing?

qu'est-ce qu'il fait?: what's he doing?

qu'est-ce qu'ils font?: what are they doing?

qui: who, which

qu'est-ce que c'est?: what is it?

qui est-ce?: who is it?

quitter: to leave

quoi?: what?

R

raconter: to tell

ramasser: to pick up

rangée (f): row

rapide (m): express (train)

raquette (f): racket

rayon (m): shelf

récompense (f): reward

régaler, se –: to eat something delicious

regarder: to look at

remarquer: to notice

remercier: to thank

remplir: to fill

renard (m): fox

rencontrer: to meet

rendre: to give back

rendre, se – à: to go to

rendre visite à: to pay a visit to

rentrée (f): return (to school)

rentrer: to go home, to return, to go back

renverser: to knock over

repas (m): meal

répondre: to answer

réponse (f): answer

reposer, se –: to rest

réseau (m): network

ressembler à: to look like

restaurant (m): restaurant

rester: to stay

retour (m): return

retrouver: to find

réveiller, se –: to waken up

revenir: to return

rez-de-chaussée (m): ground floor

rideau (m): curtain

rire: to laugh

rivière (f): river

robe (f): dress

robinet (m): tap

roi (m): king

Roquefort (m): type of cheese

rôti (m): roast

rôtir: to roast

roue (f): wheel

rouge: red

royaume (m): kingdom

rue (f): street

S

sable (m): sand

sac (m): bag

sage: good, well-behaved

salle à manger (f): dining-room

salle de bain (f): bathroom

salle de classe (f): classroom

salon (m): sitting-room

Salut!: Hi!

salutation (f): greeting

sanglot (m): tear

sans doute: probably

sauf: except

sauvage: wild

savoir: to know

sec: dry

sel (m): salt

selon: according to

semaine (f): week

serpent (m): snake

serrer la main à: to shake hands with

si: if

siècle (m): century

singe (m): monkey

soeur (f): sister

soir (m): evening

sonner: to ring

sortie (f): exit

sortir: to go out

souliers (m pl): shoes

sourd: deaf

souris (f): mouse

sous: under

souvent: often

sportif: sporty

stade (m): stadium

stage (m): training course

stylo (m): biro

suivant: following

sur: on

surtout: especially

Syndicat d'initiative (m): Tourist Office

T

table (f): table
  mettre la -: to set the table
tableau (m): painting;
  blackboard
tant pis!: too bad!
tante (f): aunt
tard: late
tarif, à – réduit: at a reduced
  rate
tasse (f): cup
téléphone (m): telephone
  un coup de –: a phone call
téléphoner à: to telephone
temps (m): weather
tendre: to stretch
tennis (m): tennis
terrain (m): pitch
terre (f): earth
tigré: tabby
timbre (m): stamp
tiroir (m): drawer
toit (m): roof
tomber: to fall
tortue (f): tortoise
tôt: early, soon
tourner: to turn
tout de suite: immediately
tout droit: straight on
tout: all, every, the whole
  C'est –?: Is that all?
trajet (m): trip
travail (m): work
travailler: to work

traversée (f): crossing
traverser: to cross
triste: sad
trop de: too much, too many
trottoir (m): footpath
trou (m): hole
trouver: to find
truite (f): trout

U

un (m): a, an
une (f): a, an
user: to wear out
usine (f): factory
utile: useful

V

vacances (f pl): holidays
vache (f): cow
vague (f): wave
valable: valid
valise (f): suitcase
veau (m): veal
vélo (m): bicycle
venir: to come
vent (m): wind
vérifier: to check
verre (m): glass
vers: towards
vert: green
veste (f): jacket
vêtements (m pl): clothes
vêtir, se –: to dress

viande (f): meat
vieux: old
ville (f): a city, town
vin (m): wine
vite: quickly
vitesse (f): speed
vivre: to live
voici: here is
voilà: there is
voile (f): sailing
voir: to see
voiture (f): car
voix (f): voice
volet (m): shutter
voudrais, je –: I'd like
vouloir: to wish, to want
voyager: to travel
voyageur (m): traveller
vrai: true
vraiment: really
VTT, vélo tout terrain (m):
  mountain bike
vue (f): view

W

W.C., les: toilet

Y

y: there
yeux (m pl): eyes